바다는 작은 물을
가리지 않는다

해양강국을 위한 바다의 인문학

바다는 작은 물을 가리지 않는다

김석균 지음

예미

추천사

최윤희 한국해양연맹 총재 · 해양산업총연합회장(前 합참의장)

　김석균 전 해양경찰청장의 해양 강국 건설을 향한 뜨거운 열정과 꾸준한 연구에 깊이 경의를 표합니다. 그는 이미 《바다와 해적》, 《바다가 우리의 미래다》, 《해금》 등으로 해양 인문학의 지평을 넓혔으며, 이번 신작 《바다는 작은 물을 가리지 않는다》 역시 큰 반향을 일으킬 것으로 기대합니다.

　저 또한 해군에서 43여 년간 바다를 지켜온 사람으로서 해양의 중요성을 절감해 왔습니다. 그러나 국가의 해양력 강화는 결코 쉬운 과제가 아닙니다. 이러한 상황 속에서 해상 치안의 최일선에서 헌신하던 저자가 퇴임 후에도 이처럼 바다를 위해 헌신하는 모습은 참으로 자랑스럽습니다. 오늘날 미·중 간의 해양 패권경쟁이 심화되는 가운데, 바다 없는 국가는 존재할 수 없습니다. 무역과 해양산업은 우리의 생명선이며, 조선·해운의 쇠퇴로 위기를 맞은 미국의 사례는 우리가 깊이 새겨야 할 교훈입니다.

　이 책이 국민의 해양의식을 일깨우고, 국가 정책 발전의 새로운 전환점이 될 것을 확신합니다.

정석현 수산그룹 회장

이 책은 우리가 잘 아는 듯 놓쳐왔던 '바다의 이야기'를 다룹니다. 조선은 임진왜란 이후에도 바다를 외면했으며, 쇄국의 굴레 속에서 세계의 변화를 보려 하지 않았습니다. 그러나 해방과 분단, 그리고 산업화를 거치며 우리는 비로소 바다의 가치를 깨달았습니다.

이제 먼바다는 우리의 국토이며, 그 속 자원이 미래의 생명선임을 모두가 인식하게 되었습니다.

저자는 이 책에서 바다를 통해 동서고금의 역사와 해양주권의 중요성을 알기 쉽게 풀어냅니다. 많은 이들이 이 책을 통해 바다의 의미를 새롭게 배우고, 더 깊은 해양적 소양을 얻기를 바랍니다.

원태호 한국해양전략연구소장(예비역 해군 중장)

《바다는 작은 물을 가리지 않는다》는 단순한 해양사 책이 아닙니다. 이 책은 우리 무의식 속에 잠든 '바다의 기억'을 깨우고, 바다를 통해 인간과 문명의 본질을 성찰하게 만드는 지적 여정입니다.

저자는 바다를 물리적 공간이 아닌 '사유의 장'으로 확장하며, 인류문명의 연결과 공존의 의미를 탐구합니다. 지중해에서 대항해시대, 동아시아 해양문명까지를 아우르며, 이 모든 것을 포용과 통합의 상징인 '해불양수 海不讓水'의 철학으로 제시합니다.

이 책은 해양 연구자와 정책가뿐 아니라 평범한 독자에게도 바다를 '나의 공간'으로 느끼게 합니다. 책을 덮고 난 후 남는 것은 단순한 지식이 아니라, "바다는 비에 젖지 않는다 The ocean does not get wet by rain"라는 한 문장처럼, 우리 존재보다 더 큰 질서와 숨결을 향한 경외감입니다. 바다를 통해 인간을 다시 읽고, 인간을 통해 바다를 새롭게 상상하게 만드는 이 책이 많은 이들에게 하나의 항로가 되기를 바랍니다.

윤학배 전 해양수산부 차관

김석균 교수의 신작 소식은 참으로 반갑습니다. 그는 해양경찰청장, 국제해양법 학자, 교수로 이어지는 독특한 이력을 지닌 진정한 바다 전문가입니다. 특히 세월호 사고 당시 책임자로서의 경험은 그의 글에 깊이를 더했습니다.

《바다는 작은 물을 가리지 않는다》는 해불양수의 철학을 품은 제목처럼, 겸손과 포용의 바다 정신을 담고 있습니다. 책은 동서양의 해양사와 현대 해양 질서, 해적·해군·심해자원 등 다양한 주제를 넘나들며, 미·중 패권경쟁 속 우리의 위치를 통찰하게 합니다.

바다는 비에 젖지 않듯, 저자의 열정도 끝이 없습니다. 그는 진정한 '바다 인류 Homo Seapiens'이며, 이 책은 그가 바다를 통해 인류를 성찰한 지적 항해의 결정판입니다.

김인현 고려대 법학전문대학원 명예교수

《바다는 작은 물을 가리지 않는다》는 김석균 교수의 해양 인문학적 교양과 해양법 지식을 한눈에 보여줍니다. 깊은 내용을 일반 독자가 이해하기 쉽게 쓴 필력은 놀랍습니다.

이 책에서 저자는 고대 로마와 카르타고의 해상 경쟁에서 시작해, 유럽 열강의 해양 지배, 일본의 해양 개방까지 폭넓게 다루며,

나아가 우리나라의 해양법 쟁점—중국의 서해 구조물, 독도·이어도, 배타적 경제수역—을 구체적으로 짚습니다.

   저자의 목표는 국민에게 바다 인문학을 알리고, 해양법적 과제를 해결해 국가 발전에 기여하는 데 있습니다. 공직자로서의 경험과 학문적 통찰이 어우러진 이 책은, 쉽고도 전문적인 '바다 교양서'로 손색이 없습니다.

   출간을 진심으로 축하하며, 모든 독자에게 일독을 권합니다.

프롤로그

바다는 길을 만든다

　바다는 오늘날 대한민국을 있게 한 천혜의 자산이고 기회였지만 우리는 바다의 소중함과 바다로부터 얻는 혜택의 의미를 깨닫지 못하는 경우가 많습니다. 대한민국이 오늘날 이만큼 성장하고 당당히 선진국 대열에 진입할 수 있었던 요인에는 삼면이 바다라는 지리적 위치가 있습니다. 대한민국이 바다가 없는 내륙국이었다면 지금의 위상은 결코 존재할 수 없었을 것입니다.

　지구 반대편 바다까지 나가 잡은 고기로 벌어들인 외화는 최빈곤국의 하나였던 대한민국의 경제발전을 위한 종잣돈이 되었습니다. 산업이라고는 농업이 전부였던 대한민국이 공업 국가로 탈바꿈하고 세계가 놀라는 경제성장을 이룰 수 있었던 초기 기반 산업은 조선이었습니다. 수출품을 지구 곳곳으로 실어 나르고 산업에 필요한 에너지와 자원을 안정적으로 들여올 수 있었던 것은 글로벌 국적 해운선사를 보유하고 있었기 때문입니다.

　인류 발전의 역사는 해양을 개척하고 이용하는 역사와 궤를 같이했습니다. 바다를 어떻게 접근하고 이용했는가에 따라 한 지역이나 한 국가의 흥망과 성쇠에 지대한 영향을 미쳤습니다. 바다를 개척하고 이용한 지역과 민족은 부와 패권을 차지했고, 그 유산은 수백 년이 지난 오늘날에도 이어지고 있습니다.

오랜 역사에서 우리는 바다를 이용하여 부를 창출하고 바다를 통하여 다른 나라와 교류하겠다는 생각을 하지 못했습니다. 우리의 사고에서 한반도는 중국대륙 변방에 위치한 내륙국이었습니다. 해양을 무시했고 해양에 대해 무지했습니다. 그리고 대륙 중심의 폐쇄적 세계관에서 벗어나지 못했습니다. 그 결과는 오랜 빈곤과 끊임없는 해양 세력과 대륙 세력으로부터 외침이었고, 끝내 식민지로 전락했던 질곡의 근대사였습니다.

오늘날 세계 각국은 해양 이익을 두고 치열한 경쟁을 벌이고 있습니다. 동아시아 바다는 미·중 패권경쟁의 장이 되고 있고, 격화되고 있는 해양 분쟁은 군사적 긴장을 고조시키고 있습니다.

선진국들은 해양력을 증강시키면서 해양산업을 새로운 성장동력으로 삼는 청색경제 Blue Economy를 추진하고 있습니다. 신해양시대를 맞아 우리도 해양국가임을 새롭게 인식하고, 해양의 가치와 이용에 주목하고 있습니다.

바다는 부를 창출하지만 다른 한편 우리의 안보를 위협하는 안보 취약 공간이기도 합니다. '바다에서 오는 적'을 막고 해상교통로의 안전을 확보하는 것은 곧 우리의 번영을 보전하고 생존을 확보하는 것입니다.

이러한 배경에서 이 책은 해양의 가치와 해양이 우리에게 주는 의미에 대해 새롭게 접근하고자 했습니다. 한반도가 위치한 동아시아 바다에서 일어나고 있는 일들과 해양 강국의 꿈을 실현하기 위한 과제를 인문학적으로 접근하고, 전하고자 했습니다.

　해양국가 대한민국의 의미를 되새기고 바다에 대한 이해와 관심을 높이고자 하는 것이 이 책을 쓰게 된 동기입니다. 다만 이 책의 목적은 지식을 전하고자 하는 것이 아닙니다. 함께 공감하고자 했습니다.

　다른 한편 대륙적 사고에 익숙한 우리와 먼 곳의 일이면서 남의 일처럼 느껴지는 바닷일 사이에 놓여 있는 '심리적 거리감'을 줄이고자 했습니다. 바다에서 일어나는 일은 남의 일이 아닌 해양국가 대한민국에 살고 있는 우리 모두의 일이기 때문입니다. 또한 분열과 갈등의 시대를 살고 있는 우리에게 바다가 주는 포용과 대통합의 의미도 전하고자 했습니다.

　이에 맞춰 Part 1 〈해양의 역사〉에서는 해양의 지구과학적 의미, 해양의 상징, 해양 문화, 해양 개척의 역사를 다루고 있습니다. Part 2 〈해양 강국〉에서는 신해양시대와 해양 이익의 의미를 짚어 보았습니다. Part 3 〈해양 경제〉에서는 해양산업과 중요성이 더해가는 해양 기반의 청색경제를 다루고 있습니다. Part 4 〈해양 안보〉에서는 안보 공간으로서 해양의 의미를 설명하고 있습니다. 끝으로 Part 5 〈해양 분쟁〉에서는 중국의 서해 철골 구조물 설치와 같은 한반도 주변 바다에서 일어나는 해양 문제와 동아시아 바다의 해양 분쟁을 다루고 있습니다.

　이 책은 해적의 역사를 다룬 《바다와 해적》, 해양의 역사를 통해 동서양의 근대사를 조망하고 근대 동아시아의 근대화를 다룬 《해금》에 이어 필자의 세 번째 해양 인문서입니다.

출간 의도를 격려해 주시고, 기꺼이 추천서를 써주신 최윤희 한국해양연맹 총재님, 정석현 수산그룹 회장님, 원태호 한국해양전략연구소 소장님, 윤학배 전 해양수산부 차관님, 김인현 고려대 교수님께 특별한 감사의 말씀을 드립니다. 그리고 어려운 출판 여건에서 《해금》에 이어 본서의 출판을 맡아주신 황부현 도서출판 예미 대표님과 책이 나오기까지 애써주신 출판사 관계자들에게도 감사의 뜻을 전합니다.

김석균

차례

추천사 • 4
프롤로그 - **바다는 길을 만든다** • 8

Part 1   해양의 역사

1. 바다는 작은 물을 가리지 않는다 • 17
2. 바다를 지배한 자가 세계를 지배했다 I • 31
3. 바다를 지배한 자가 세계를 지배했다 II • 60
4. 대항해시대의 검은 유산 • 84

Part 2   해양 강국

5. 해양 강국의 꿈 • 101

Part 3   해양 경제

6. 바다의 고속도로 • 139
7. 청색경제 해양산업 • 162

Part 4
해양 안보

8. 바다에서 오는 적 • 193

Part 5
해양 분쟁

9. 출렁이는 한반도 주변 바다 • 233
10. 격랑의 동아시아 바다 • 259

에필로그 - 바다가 부른다 • 284

Part
1

해양의 역사

1

바다는 작은 물을 가리지 않는다

• • •
푸른 구슬

수년 전 미국 항공우주국 NASA은 화성에 액체 상태의 물이 존재한다는 증거가 될 수 있는 사진을 공개했습니다. 화성 표면에서 관찰된 폭 5미터, 길이 10미터의 어두운 경사면은 염분이 포함된 물이 얼었다 녹아 흐르면서 생긴 것이라고 발표했습니다.

화성에 얼음 형태의 물이 존재한다는 것은 수년 전에 알려졌지만, 액체 상태의 물의 존재는 처음으로 확인되었습니다. 그전까지 천문학자들이 우주 공간에서 떠다니는 물 분자를 발견하기도 했지만, 액체 상태의 물은 기대하기 어렵다는 것이 지배적인 견해였습니다.

과학자들은 액체 상태의 물 발견으로 화성에 생물이 존재할 가능성이 높아졌다고 분석합니다. 물이 흐르는 주변으로 고등 생물체는 아니어도 박테리아와 같은 원시 생물체가 있을 수 있다고 추측합니다.

지구는 은하계에서 물을 가지고 있는 몇 안 되는 행성 중의 하나입니다. 우주에는 500억 개의 은하가 있고, 각 은하에는 500억 개의 별들이 있습니다. 태양계는 그 은하계 중심에서 바깥으로 4분의 3쯤 되는 곳에 위치해 있습니다.

끝을 모르는 광대하디광대한 우주의 백사장 모래알보다 많은 별들 중에서 지구가 다른 별들과 가장 뚜렷하게 구별되는 것은 두 가지입니다. 생명체가 산다는 것과 푸른 바다가 있다는 것입니다.

1972년 미국 아폴로 우주선이 지상으로부터 4만 5천 킬로미터 상공에서 처음으로 찍은 사진에 보인 그 모습. '푸른 구슬 Blue Marble'로 묘사된 '푸른 바다'가 있는 지구입니다.

우주에서 본 지구 모습 (사진:Shutterstock)

화성에서와 같이 다른 행성에도 물이 존재한다는 것이 확인되었습니다. 태양계 내에서만 보더라도 목성에는 지구보다 수백 배 더 많은 물이 있다고 합니다. 그러나 액체 상태의 물로 존재하고, 지구와 같은 바다의 흔적을 가진 행성은 아직 발견하지 못하고 있습니다.

바다 온누리

바다는 지구의 또 다른 '온누리'이자, 인간의 활동이 극도로 제한되는 아주 '특별한 공간'입니다. 지구 표면의 약 71퍼센트인 3억 6100만 제곱킬로미터가 바닷물로 덮여 있습니다. 이것만 보면 지구地球가 아닌 해구海球라고 해야 하지 않을까 합니다.

지구 표면을 평평하게 하여 바닷물을 채운다면 2,686미터 두께로 전 지구를 덮을 수 있습니다. 바다의 평균 수심은 육지의 평균 해발고도보다 4.5배나 더 큽니다.

바다는 '지구 표면에서 함몰된 지역을 채우고 있는 소금기 있는 물 덩어리'라 정의됩니다. 바다가 지하수나 호수와 강의 민물과 다른 가장 큰 특징은 '짠물'이라는 것입니다.

짠물의 정도를 표시하는 해수의 염분농도는 천분율로 표시합니다. 천분율의 기호는 ‰퍼밀입니다. 염분농도는 세계 각 지역의 바다에 따라 차이가 있지만, 평균 염분농도는 35‰입니다. 이를 백분율로 환산하면 3.5퍼센트입니다. 이론적으로 100킬로그램의 해수를 가열하면 3.5킬로그램의 소금이 나와야 한다는 얘기입니다.

대부분의 큰 바다는 3.3~3.7퍼센트이지만, '소금 바다'라 불리는 사해死海는 염분농도가 20~30퍼센트에 달해 생물이 살지 못하고 사람이 물에 뜨게 됩니다.

바다의 생성

바다는 어떻게 생성되었을까요. 바다의 생성은 당연히 지구 탄생의 역사와 같이합니다. 46억 년 전 지구가 생성되었습니다. 바다는 원시 지구를 둘러싼 뜨거운 수증기가 냉각되면서 42억 년 전에 만들어졌습니다.

우주의 시작은 137억 년 전에 있었던 '빅뱅Big Bang'에 의해 비롯되었다는 것이 정설입니다. 우주의 연이은 빅뱅이 있고 나서 약 10억 년 후 우주가 식으면서 에너지와 입자들로부터 원자가 형성되었고, 이 원소들이 응결되면서 은하수와 별들이 생성되었습니다.

형성 초기의 지구는 아주 뜨거웠습니다. 지구 표면으로부터 뜨거운 증기가 상승하여 대기층에 구름으로 응집되었습니다. 수백만 년이 지나면서 상부 구름층이 식으면서 방출되었던 수증기가 물이 되어 지구로 떨어졌습니다. 이 물이 다시 증발되고 구름이 되는 과정을 2500만 년 정도 반복했습니다.

지구 표면이 점차 식으면서 지각에 있던 물이 화산 폭발 등에 의해 낮은 곳으로 모여들고 암석들에서 여러 가지 광물들이 녹아내리기 시작했습니다. 지구상의 바다가 서서히 형성되기 시작한 것입니다. 태초의 바닷물은 짠물이 아니고 민물이었습니다. 그러다 원시 지구 밑바닥에 깔려 있던 암석으로부터 염분이 용해되어 점차 짠물이 되었습니다.

생명체의 유토피아

바다는 지구상 모든 생명체의 기원입니다. 지구상의 모든 생명체는 '공통성'과 '다양성'을 함께 가지고 있습니다. 다양성은 지구상에는 1천만 종 이상의 서로 다른 종류의 생물이 존재한다는 것입니다. 공통성은 각 종들의 기초 생명 유지 과정은 모두 한 가지 같은 생명 현상으로 이루어지고 있다는 사실입니다.

물은 지구상 생물들의 가장 기본을 이루는 물질입니다. 십 수억 년 전에 물이 있는 바다에서 생명체가 탄생하였습니다. 바다의 생물이 산소를 만들어내면서 약 4억 년 전에 육상 생물이 생겨났고, 뒤이어 동물이 탄생하였습니다. 인류에게 알려진 생물은 150만 종 정도인데, 아직 알려지지 않은 생물의 대부분은 바다에 있을 것으로 추정됩니다.

육상 생물 대부분은 바다에서 진화한 것입니다. 모든 생물들 세포 속에 화학물질을 용해시키고 운반하는 매체로 염분이 포함된 물을 갖고 있다는 것이 이런 사실을 뒷받침하고 있습니다.

바닷물은 밀도가 크고 물질을 잘 녹일 수 있으며, 수온이 거의 변하지 않고 엄청난 양의 열을 흡수할 수 있는 물리적 특성을 갖고 있습니다. 이러한 특성으로 인해 다양한 종류의 생명체가 바다에서 생명을 유지할 수 있습니다. 바다 환경은 세포가 비교적 쉽게 생명을 유지할 수 있는 곳입니다. 생물이 살기가 좋은 곳입니다. 바다는 그야말로 '생명체의 유토피아'인 것입니다.

지구의 생태 조절자

바다는 지구 산소의 75퍼센트를 공급하고, 이산화탄소의 50퍼센트를 정화하는 '지구의 허파' 역할을 하고 있습니다. 바다는 지구의 온도를 일정하게 유지하는 온도조절기 역할을 합니다.

해양 표면에서 증발하여 바람을 타고 움직이는 수증기는 지구 전체의 극심한 온도변화를 적게 하고, 비를 통하여 작물이 자라는 데 필요한 수분을 공급해 줍니다. 우리의 일상생활에 지대한 영향을 주는 날씨는 대기와 해양이 접한 곳에서 만들어집니다.

바다는 지구 생태계 조절자로서 생명을 유지하는 데 필요한 적절한 기온과 습도, 환경을 유지시켜 주고 있습니다. 바다가 없었다면 지구는 우주의 수많은 다른 행성과 같이 혹한이나 고온으로 생명체가 존재하기 어려운 환경이 되었을 것입니다.

'푸른 바다'는 지구상의 모든 생명체의 원천이자 생태계의 조절자이면서 지구 환경을 지켜주는 지킴이 역할을 하고 있습니다.

해양 문화

바다를 생각하면 먼저 광대함, 거친 파도, 도전정신, 탐험 등의 이미지를 많이 떠올릴 것입니다. 바다를 대하는 문화는 그 민족성이나 자연적 환경에 따라 다르게 형성되어 왔습니다.

크게 생명을 잉태하는 어머니라 여기고 해양을 여성으로 보는 민족과 용감한 영웅으로서 남성으로 보는 민족으로 나눌 수 있습니다. 바다로 나아가는 것을 영웅시하고 도전과 탐험 정신으로 바다를 개척하고자 했던 사람들이 유럽 해양민족들이었습니다.

헤밍웨이의 소설 《노인과 바다 The Old Man and the Sea》에서 늙은 어부 산티아고는 바다를 여성형인 '라 마르 la mar'라고 불렀습니다.

"노인은 늘 바다를 여성으로 생각했고, 큰 은혜를 베풀어 주기도 하고 빼앗기도 하는 무엇이라 생각했다."

"설령 바다가 무섭게 굴거나 재앙을 끼치는 일이 있어도 그것은 바다로서도 어쩔 수 없는 일이려니 생각했다. '달이 여자에게 영향을 미치는 것처럼 바다에도 영향을 미치지' 하고 노인은 생각했다."

오늘날 192개의 유엔 회원국 중 바다를 접하고 있는 해양국가가 150국이고 바다가 없는 내륙국은 42개국입니다. 이 중에서 두 개의 국경을 넘어서야 바다에 도달할 수 있는 나라는 중앙아시아 대륙에 깊숙이 위치한 우즈베키스탄뿐입니다.

바다는 인류에게 식량을 공급하고 더불어 해상수송으로 인류문명의 발전에 큰 기여를 했습니다. 이에 따라 대항해시대를 열고 근대사를 주도했던 유럽의 역사에서 볼 수 있듯이 특정 지역이나 국가의 발전은 바다와 깊은 연관성을 지닙니다.

인류문명 초기부터 바다의 이용과 바다생물에 대해 끈기 있게 이해하고 감사할 줄 알았던 문명은 반드시 보상을 받았습니다. 삼면이 바다로 해양국가인 우리에게 남다르게 느껴지는 교훈입니다.

바다의 어원

'바다'라는 말은 어디서 유래되었을까요. 바다는 순우리말입니다. 한자어로는 해海 또는 해양海洋이라고 합니다. 우리말 '바다'는 '받다'와 '들이다'가 결합된 합성어에 어원을 두고 있습니다.

큰 강물이나 지류에서 흘러드는 작은 물도 구별 없이 받아들여 큰 물을 이룬다는 의미에서 유래된 것으로 해석됩니다. 한자어 '海'는 물水이 항상每 많이 고여 있는 곳을 뜻합니다. 영어 'Sea'는 '많은 양의 물'을 의미하는 고대 영어 'Sæ'에 어원을 두고 있습니다.

바다 중에서 거대한 바다는 양洋으로 불립니다. 영어의 'Ocean'입니다. '양'으로 불리는 바다는 이름 그대로 '큰 바다'로서 태평양·대서양·인도양의 세 개의 대양입니다. 'Ocean'은 '큰 강'이라는 의미의 그리스어 '오케아노스Okeanos'에서 유래했습니다.

강에만 흐름이 있다고 생각했던 그리스인들은 지중해 바깥에서 해류가 북쪽에서 남쪽으로 흐르는 것을 알아냈습니다. 이들은 건너편이 보이지 않으므로 엄청나게 큰 강이라고 믿었습니다.

바다와 대양

대양Ocean은 육지로부터 멀리 떨어져 있기 때문에 육지의 영향을 받지 않고, 수심은 3천 미터에서 1만 미터에 이르는 깊고 광활한 바다입니다. 전체 바다의 89퍼센트를 차지합니다. 전 세계를 의미하는 5대양 6대주를 말할 때 5대양은 태평양, 대서양, 인도양의 3대양에 더하여 남극해와 북극해를 포함합니다.

19세기 영국이 세계를 지배할 때 "대영제국은 일곱 개의 바다를 지배한다Britannia rules the seven seas"라고 했습니다. 그야말로 '해가 지지 않는 대제국'을 건설했습니다. 영국이 지배한 일곱 개의 바다는 북태평양, 남태평양, 북대서양, 남대서양, 인도양, 남극해, 북극해를 가리킵니다. 그것은 곧 영국의 해양력Sea Power이 세계의 바다를 지배하고 있다는 것을 의미했습니다.

대양과 구별되는 연근해Sea는 대륙의 주변에 있는 연근해 서해, 동해, 동중국해, 남중국해 등와 두 개의 대륙 내지 거대한 육지로 둘러싸여 있는 지중해 유럽과 아프리카 사이의 지중해, 흑해, 카리브해, 홍해 등가 있습니다.

대양과 달리 연근해는 육지에 가까운 바다입니다. 그렇기 때문에 바람과 같은 육지의 기후 조건과 강, 하천에서 유입되는 민물의 영향을 강하게 받습니다. 수심은 2천~3천 미터이고, 전체 바다 면적의 11퍼센트를 차지합니다.

연근해는 국제법이 정한 바에 따라 배타적 경제수역EEZ이나 대륙붕에서 생물·무생물 자원 이용에 대한 연안국의 배타적 관할권이 인정되는 해역입니다. 해양 활동 대부분이 일어나는 수역이고, 수산자원 등 해양 이용을 둘러싸고 연안국의 이익이 첨예하게 맞서며 분쟁이 일어나는 곳입니다.

바다 고유의 위험

평온한 바다의 아름다운 풍경과 바다가 우리에게 주는 온갖 혜택과 기회 뒤에는 인간의 한계를 시험하고 생명을 위협하는 위험이 도사리고 있습니다. 바다는 육지와 전혀 다른 '바다 고유의 위험Perils of the Sea'이 상존하는 곳입니다.

바다에서는 육상에서 당연시되는 인간의 활동도 극도로 제한되고, 배라는 이동 수단이 없으면 아무것도 할 수 없는 지극히 '특수한 공간'입니다. 조선·항해술, 통신·항해 장비, 항로 여건, 기상관측 기술이 발전되면서 순전히 바다에 명운을 맡기고 항해를 하던 시대와는 비교할 수 없을 만큼 해양 활동의 안전성이 향상되었습니다. 그러나 아무리 뛰어난 성능의 선박과 장비도 거센 파도나 변덕스러운 기상과 같은 바다 고유의 위험을 완전히 극복할 수는 없습니다.

위험을 뜻하는 'Risk'는 바다의 위험성을 뜻하는 아랍어에서 유래한 말입니다. 유럽인들에 앞서 대양 항해를 했던 아랍인들의 말이 유럽인들이 본격적으로 거친 대양으로 진출하면서 전해지지 않았나 추측해 봅니다.

'Risk'는 '해도도 없이 미지의 바다를 처음으로 항해한다'는 말에서 유래했습니다. 이와 함께 바다의 암초나 해안가의 절벽이라는 의미로도 사용되었습니다. 거친 바다를 해도도 없이 처음으로 항해한다는 것은 목숨을 걸어야 하는 일입니다.

위험이 도사린 바다를 두려워하지 않고 그 위험에 맞서 새로운 항로를 열고, 미지의 땅을 개척하며 교역을 주도한 국가와 민족은 막대한 부를 창출했습니다. 그리고 근대 역사의 주역이라는 큰 보상을 받았습니다. 위험이 큰 만큼 보상도 그만큼 컸습니다.

주식거래나 우리 인생사와 같이 '하이 리스크, 하이 리턴High Risk, High Return'이라고 할 수 있을지 모릅니다. 그러나 그 보상은 단기성이 아니었습니다. 수백 년이 지난 오늘날까지 보상의 유산은 후손들에게 이어지고 있습니다.

아무리 뛰어난 성능의 선박과 장비도 거센 파도나 변덕스러운 기상과 같은 바다 고유의 위험을 완전히 극복할 수는 없다. (사진:Shutterstock)

해불양수(海不讓水)

앞에서 흔히 인용되는 바다의 이미지를 몇 개 들었습니다. 거기에서 빠진 것이 '포용성'이 아닌가 합니다. 바다는 그 광대함으로 모든 것을 품을 수 있는 '포용성'과 '개방성'을 가지고 있습니다.

'받아들인다'에 그 어원을 두고 있듯이 바다는 그 광대함으로 강이나 하천에서 흘러 들어오는 물이나 비로 내리는 물, 맑은 물이든 더러운 진흙탕 물이든 가리지 않고 받아들이는 포용성이 있습니다.

진시황 시대의 재상 이사李斯, BC 284~208는 부강한 나라를 이루기 위해서는 인재를 가리지 않고 등용해야 함을 바다의 포용성에 비유하여 간했습니다. 그 유명한 '간축객서諫逐客書'입니다.

초나라 출신 이사는 어느 날 화장실의 쥐나 곡식창고 속의 쥐가 다를 바가 없는데 사는 모습은 다르다는 것을 깨닫고 뜻을 이루고자 강대국 진나라로 갑니다. 외국인으로서 관직에 오르는 객경客卿이 됩니다. 능력을 인정을 받고 있던 때에 한나라 출신 객경이 치수사업을 가장하여 진의 국력을 소진시키려 했다는 간첩 사건이 터집니다. 이를 계기로 진 조정에서 일하는 객경을 쫓아내는 '축객령'이 내려집니다.

천하통일의 뜻을 이루지 못하고 쫓겨나게 된 이사는 '객경을 쫓아내는 것에 대한 부당함을 간하는 상소'라는 의미의 '간축객서'를 올립니다. 인재를 가리지 않고 써야 한다는 것을 강이나 하천의 물을 가리지 않고 받아들이는 바다의 포용성에 비유하고 있습니다.

"태산은 한 줌의 흙을 가리지 않았기 때문에 그 거대함을 이루었고, 강과 바다는 작은 물줄기도 가리지 않았기 때문에 그 깊이를 이루었다. 왕은 백성들을 물리치지 않았기에 그 덕을 이룰 수 있었다."

泰山不讓土壤(태산불양토양), 故能成其大(고능성기대), 河海不擇細流(하해불택세류), 故能成其深(고능성기심), 王者不卻衆庶(왕자불각중서), 故能明其德(고능명기덕).

'바다가 작은 물줄기도 마다하지 않았기 때문에 깊은 바다를 이룰 수 있었다'는 포용성과 관용은 '해불양수 海不讓水'로 표현됩니다. 바다는 어떤 물이든 마다하지 않는다는 말입니다.

이사는 출신을 가리지 않고 유능한 인재를 등용한 진시황을 도와 천하통일의 꿈을 이루었습니다. 그러나 진시황이 죽은 다음 환관 조고와 공모하여 진시황의 유언을 조작하여 황위를 무능력한 이세 황제에게 넘깁니다.

결국 조고에게 죽임을 당하고, 진나라도 망하게 합니다. 초심으로 돌아가 간축객서에서 묘사했던 바다의 순리를 다시 되새겼다면, 그러한 우를 범하지 않았으리라 생각해 봅니다.

바다는 비에 젖지 않는다

　동양에서 바다의 포용성을 '해불양수'로 표현했다면, 서양에서 흔히 쓰는 표현이 "바다는 비에 젖지 않는다 The ocean does not get wet by rain"일 것입니다.

　흔히 헤밍웨이의 소설 《노인과 바다》에서 나오는 표현이라고 알려져 있지만, 이 말은 작품 어디에서도 찾을 수가 없습니다. "The sea is not full of water", '바다는 물로 채워지지 않는다'는 구절에서 왔지 않았나 추측해 볼 뿐입니다.

　누가 말했거나 어느 작품에서 나왔는지 따지기 전에 바다의 광대함과 포용성, 그리고 흔들림에 미동도 하지 않는 바다의 꿋꿋함을 나타내기에는 더할 나위 없이 멋진 표현이라 생각합니다.

2.
바다를 지배한 자가 세계를 지배했다 I

대양 진출의 유산

인류는 수만 년 동안 바다를 사이에 두고 대륙으로 단절되고 고립된 채 자신의 문명에 갇혀 있었습니다. 본격적으로 교류가 시작되기 전에는 대양 건너 다른 문명의 존재를 알지 못했습니다. 다른 문명의 존재를 알게 된 후에는 바다라는 공간은 교류와 무역을 위해 극복하지 않으면 안 될 거대한 장애물이었습니다.

육지 가까운 바다에서 어업과 항해를 하던 인류는 온갖 난관을 극복하고 바다 고유의 위험에 맞서면서 대양으로 진출했고, 대양 건너의 다른 대륙, 다른 문명과 교류했습니다. 이것은 문명 발전의 상승작용을 일으켰습니다. 그리고 자연스럽게 필요한 것을 서로 교환하는 해상무역으로 이어졌습니다.

거친 대양을 항해해 다른 대륙과 이루어진 무역은 한 번의 성공으로 목숨 건 항해의 위험과 막대한 비용을 상쇄하고도 남는 일확천금을 안겨주는 사업이었습니다. 부에 대한 인류의 열망은 수천 년 동안의 장애물에 대한 과감한 도전으로 이끌었고, 모든 악조건을 극복하게 했습니다.

한번 떠나면 죽음이나 다름없는 항해에 도전하는 항해자들과 마찬가지로 새로운 항로를 개척하고 신대륙을 발견하기 위한 국가적 사업은 나라의 명운을 건 대도전이기도 했습니다.

대양을 항해하여 무역로를 열고 미지의 세계를 개척하는 도전에 나선 국가와 지역은 결국 부와 그 시대의 패권을 차지했습니다. 그 결과 그들은 근대사의 주역이 되었고, 자신들의 언어, 사상과 학문, 과학, 기술, 제도와 문화를 세계인의 노멀Normal 지위에 올려놓았습니다.

대항해시대를 주도하며 대양 개척에 과감히 나선 유럽 해양 강국들의 이야기입니다. 그들의 도전과 보상 그리고 영광은 한 시대에 끝나지 않고 그 전통과 문화와 부, 그리고 영광의 유산은 오늘까지 이어지고 있습니다.

••• 바다를 지배하는 자가 세계를 지배한다

"바다를 지배하는 자가 세계를 지배한다."

바다의 중요성을 강조하고, 유럽 해양국들의 대양 진출의 역사적 의미를 얘기할 때 빠지지 않고 등장하는 격언格言입니다. 해양에 대한 전문성이나 항해 역사에 대한 지식이 많지 않은 사람들이라도 한 번쯤은 이 경구를 입에 올렸거나 들어보았을 것입니다.

그러나 격언의 유래에 대해서 아는 사람은 많지 않을 것입니다. 영국 엘리자베스 1세 여왕 시대의 탐험가이자 정치가인 월터 롤리Walter Raleigh, 1554~1618 경의 명언에서 유래했습니다. 롤리 경은 미국 버지니아 지역을 개척하고, 결혼하지 않은 엘리자베스 1세를 기념하여 '처녀지'란 의미의 '버지니아Virginia'라고 이름 붙인 사람입니다.

"바다를 지배하는 자가 무역을 지배하고, 무역을 지배하는 자가 세계의 부를 차지한다. 따라서 세계를 지배한다."

Whoever commands the sea commands the trade; Whosoever commands the trade of the world commands the riches of the world, and consequently the world itself.

이 짧은 명구는 유럽 국가들이 앞다투어 대양으로 진출하던 대항해시대의 해양 진출 의미와 해상무역과의 관계, 해상무역을 통한 부의 창출 그리고 국부가 가지는 의미를 간결하면서도 논리적으로 표현하고 있습니다.

롤리 경이 이 경구를 설파하던 때는 유럽의 변방에 머물던 영국이 스페인의 무적함대를 무찌르면서 해양 강국으로 막 발돋움하는 시기였습니다. 이후 영국은 전 세계 해양으로 진출하여 새로운 항로와 식민지를 개척하고 해상무역으로 막대한 부를 쌓았습니다.

영국은 앞서 대항해시대를 열었던 스페인, 포르투갈, 네덜란드와 경쟁하면서 해외에 식민지를 건설하고 해상무역을 주도했습니다. 막강한 해군력을 갖춘 영국은 무역항로나 해상관문의 통제권을 행사하면서 해적이나 적국의 위협으로부터 자국 상선이 안전하게 항해할 수 있도록 보호했습니다.

이후 영국의 군함과 상선은 '잭 유니언Jack Union' 깃발을 휘날리며 전 세계 바다를 주름잡았습니다. 압도적인 해양력으로 세계의 바다를 영국의 통제하에 두고, 이후 몇 세기에 걸쳐 전 세계 대륙에 '해가 지지 않는 대영제국'의 영광을 이루었습니다.

롤리 경이 설파했던 해군력에 의한 무역로의 독점적 통제권은 오늘날 자유로운 통항과 자유무역 시대에서는 결코 상상할 수 없는 일입니다. 그러나 그때와 지금은 몇 백 년의 시공간 간극이 있지만, 롤리 경의 경구는 해양의 의미를 일깨우는 데 아직도 충분한 역사적 함의가 있다고 생각합니다.

오늘날 전 세계 해양에서는 해양영토와 자원을 둘러싼 치열한 경쟁과 갈등이 일어나고 있습니다. 해양을 지배했던 해양 강국들의 역사를 반추해 보는 것은 해양의 의미와 중요성을 되새기는 일입니다.

지중해를 호수로 만든 로마

육상국가에서 해상국가로

로마는 지중해 전역을 지배한 첫 번째 세력입니다. 테베레강 주변의 조그만 부족국가로 출발한 로마는 주변 부족국가들을 하나씩 점령하여 BC 270년경에 마침내 이탈리아반도 전체를 통일했습니다.

이 무렵 아테네·스파르타·페르시아 등 고대 지중해 연안 도시국가들은 교역 네트워크를 형성하기 위해 본격적으로 해양으로 진출했습니다. 육군이 강성한 육상국가에 머물고 있던 로마가 대제국이자 해양 강국으로 성장한 것은 기원전 3세기에 서부 지중해를 장악한 이후입니다. 육상국가 로마가 해양 세력이 되면서 차원이 다르게 강대해졌습니다. 지중해 세계와 그 너머의 광대한 세계에까지 영향을 미치는 대제국으로 발전해 나갔습니다.

이탈리아 서쪽 해안의 지중해 풍경. 이탈리아 칼라브리아 트로페아 지역. (사진:Shutterstock)

그 결정적인 계기는 북아프리카의 맹주 카르타고와 지중해 패권을 놓고 벌인 세 차례의 포에니 전쟁BC 264~146에서 승리였습니다. 1차 포에니 전쟁BC 264~241에서 서부 지중해의 패권을 놓고 카르타고가 지배하던 시칠리아와 싸워 로마의 속주로 만들었습니다. 해군력이 강한 카르타고와 싸우기 위해 육상국가 로마는 전함을 새로 건조하고 선원을 훈련시키고, 항해술을 발전시키면서 해양국가로 변신했습니다.

2차 포에니 전쟁BC 218~201에서 로마는 코끼리 부대를 동반한 군대를 이끌고 알프스를 넘어 진격해 온 한니발에 의해 패망이라는 절체절명의 위기를 맞았습니다. 한니발이 험준한 알프스를 넘어 육로로 진격할 수밖에 없던 이유는 우월한 로마의 해군력을 피하기 위해서였습니다. 지중해를 가로질러 진격했다면 해양전략가 마한의 지적대로 6만여 명의 정예군 중에서 3만 3천 명을 잃지 않았을 것입니다.

풍전등화의 위기 속에서 로마의 명장 스키피오는 지중해를 건너 북아프리카 연안의 카르타고를 역공하는 작전을 펼쳤습니다. 허를 찌르는 작전도 우월한 로마의 해상력 때문에 가능했습니다. 로마는 해상보급을 통해 스페인 북부에 육군기지를 건설하고 카르타고의 스페인 기지를 정복했습니다. 기원전 202년에는 지중해를 건너 북아프리카의 카르타고 본국을 직접 공격하여 패망시켰습니다.

전쟁 승리로 막대한 배상금을 받았지만, 무엇보다 의미가 큰 것은 카르타고가 지배하던 서부 지중해의 해상 패권을 차지했다는 것이었습니다.

3차 전쟁BC 149-146에서 스키피오의 아들이 이끄는 로마 원정군에 맞서 카르타고는 3년간 처절한 저항을 했지만 끝내 함락되었습니다. 로마는 카르타고의 살아있는 모든 것을 죽이고, 소금을 뿌려 생명이 자라지 못하도록 할 정도로 도시를 철저히 파괴해 버렸습니다. 그렇게 하여 700년간 영화를 누렸던 지중해 해양 강국 카르타고는 역사 속으로 영원히 사라졌습니다.

팍스로마나(Pax-Romana)

카르타고를 정복하면서 로마는 지중해 전체에 걸친 대제국으로 발전해 나갔습니다. 지중해를 제패한 로마는 로마에 의한 평화, 즉 '팍스로마나Pax-Romana' 시대를 열었습니다. 이제 지중해는 '로마의 호수'나 다름없게 되었습니다.

로마는 지중해 제해권을 장악하고 있었기 때문에 방대한 제국의 영토를 유지할 수 있었습니다. 속주의 통치와 무역에 해상교통과 해운을 활발히 활용하였습니다. 무엇보다 이집트나 북아프리카의 곡창지대로부터 들여오는 밀과 같은 로마인의 식량과 속주의 산물을 수송하는 데 원활한 해상수송은 필수적이었습니다.

지중해의 지배권을 확보한 로마는 해양 이용과 질서에 대한 이념적 체계를 정립했습니다. 여러 대륙에 걸쳐 대제국을 건설하고 속주의 다양한 인종·문화·언어·종교의 차이와 가치를 인정하고 포용하는 정책을 취했던 로마는 해양 이용에 대해서도 개방적인 자세를 취했습니다.

해양은 자연법의 일부로서 만인에게 공유된다는 '공유물로서의 해양의 지위'를 법전에 명시했습니다. 즉 바다는 모두의 공유물로서 누구나 자유롭게 이용할 수 있다는 것이 로마의 해양사상이자 정책이었습니다. 그러나 지중해는 로마의 완전한 지배하에 있었기 때문에 로마가 지중해의 해양 질서를 주도하고 통제권을 행사하는 데는 변함이 없었습니다.

지중해 천년 해양 강국 베네치아

베니스의 상인

윌리엄 셰익스피어의 희곡 《베니스의 상인The Merchant of Venice》은 1596년에 나온 작품입니다. 베니스Venice는 베네치아Venezia의 영어식 이름입니다. 희곡의 줄거리는 다음과 같습니다.

바사니오는 유복한 베몬트의 상속녀 포샤에게 청혼하기 위해 친구인 안토니오에게 금전적 도움을 청하게 됩니다. 안토니오는 유대인 고리대금업자인 샤일록을 찾아가 돈을 빌렸습니다. 샤일록은 기한 내에 갚지 못하면 안토니오의 몸에서 자신이 원하는 부위의 살 1파운드를 도려내겠다는 조건으로 3천 두카트의 돈을 빌려주었습니다.

안토니오의 상선이 좁은 해역에서 침몰했다는 소식이 들려왔고, 빌린 돈을 갚을 수 없던 안토니오는 재판을 받게 되었습니다. 기독교도와 안토니오에 대한 증오심을 가지고 있던 샤일록은 살을 떼어내는 대신 빌려준 돈의 세 배를 받으라는 판사의 제안을 거절하고,

계약대로 1파운드의 살을 도려내겠다고 주장합니다. 그러나 판사로 위장한 포샤는 계약서에 따라 피 한 방울 흘리지 않고 살덩어리만 베어내라고 판결했습니다. 당황한 샤일록이 살을 도려내지 않겠다고 하고 원금만 받겠다고 하자, 판사는 위약금 외에는 아무것도 가져갈 수 없다고 했습니다. 결국 샤일록은 베니스인의 목숨을 위협한 죄로 재산의 절반을 몰수당하게 됩니다.

《베니스의 상인》을 통해 그 시대의 상황을 알 수 있습니다. 중세를 거치며 근대 자본주의 제도가 정착되기 전까지 기독교가 지배하는 서구 사회에서는 돈을 빌려주고 이자를 받는 대부업을 죄악시하였습니다. 스페인이나 영국에서 쫓겨나 각지를 떠돌다 유럽 각지에 정착한 유대인들은 자신들의 공동 거주지에서 기독교인들이 천시하던 대부업이나 금은세공업에 종사했습니다.

이들은 돈만 아는 수전노 취급을 받으며 멸시당했는데 샤일록은 그런 인물로 묘사되어 있습니다. 그리고 해상무역으로 번성을 누린 베네치아와 상업자본주의의 가장 근간이 되는 계약 관계에 관한 내용이 묘사되어 있습니다. 베네치아는 해상무역으로 천년의 영광을 누린 지중해의 도시공화국이었습니다.

물의 도시

476년 서로마제국이 게르만족에 의해 멸망한 후 이슬람 세력이 지중해를 지배하는 듯했으나 확고한 지배권을 확립하지 못한 채 이슬람 세력과 비잔틴 기독교 세력 사이에 힘의 균형이 유지되었습니다.

그러는 사이 11세기 베네치아, 제노바, 피사, 아말피와 같은 이탈리아 해양도시들이 새로운 지중해 해상 세력으로 부상하였습니다. 이들은 인구 10만 미만의 작은 도시공화국들이었습니다.

인구가 제일 많은 베네치아가 10만 명 정도였으며, 제노바나 피사는 5만 명 이하였습니다. 이들 해양 도시공화국 상인들은 유대인 상인, 비잔틴제국 상인, 이슬람 상인들이 담당했던 역할을 이어받아 지중해 무역의 핵심적 역할을 했습니다.

이들 국가의 정치체제는 소수의 무역 상인들이 국정을 담당하는 과두제였습니다. 이들은 농사지을 땅이 부족했기 때문에 바다로 진출하여 해상무역으로 먹고살 수밖에 없는 운명이었습니다. 동방에서 온 향신료·비단·도자기 등 동방 산물을 수집하여 서유럽에 되파는 중계무역이나 인근 지역과 교역으로 경제를 영위해 갔습니다.

그렇기 때문에 이들에게 가장 중요한 문제는 부를 창출하는 근간인 해상무역의 안전을 확보하는 것이었습니다. 교역품을 운송하는 상선의 안전은 생존과 직결된 문제였기 때문에 상선을 호위할 수 있는 해군함대 보유가 필수적이었습니다. 십자군전쟁 당시 제노바, 피사, 베네치아는 100~200척 규모의 큰 함대를 보유했습니다. 이를 위해 역사상 최초라 평가받는 무기공장을 운영하며 해군력을 뒷받침했습니다.

수백 년 동안 지중해의 패자였던 베네치아는 452년 로마 깊숙이 쳐들어온 게르만족의 침입을 피하여 무작정 도망치던 로마 인근의 시골 지역 피난민들이 북동쪽 해안가에 이르러 세운 도시입니다. 해안가에 도착하여 더 이상 달아날 곳이 없음을 깨달은 이들은 죽음을 각오하고 피나는 노력으로 늪지대에 100여 개의 섬을 이어 만든 도시를 건설했습니다.

농토가 없는 베네치아는 질척거리고 침수가 되는 섬들에서 지속적으로 배수를 해야 했고, 인공장벽을 건설해 조수를 막아야 했습니다. 이렇게 해서 만들어진 도시가 아드리아해 깊숙이 자리 잡고 있는 '물의 도시'라 불리는 베네치아입니다.

아드리아해 깊숙이 자리 잡고 있는 '물의 도시'라 불리는 베네치아 (사진:Shutterstock)

지중해 해양 강국

베네치아는 자원이라고는 석호에서 잡히는 물고기와 소금뿐이었기 때문에 생존을 위해서는 상업과 해상력에 의존할 수밖에 없었습니다. 초창기에는 이탈리아 내륙 수로를 돌아다니며 교역하다가 9세기경에는 기독교 세력의 가장 부유한 도시였던 콘스탄티노플의 보호 아래 무슬림이 지배하던 지중해로 과감히 나아갔습니다.

10세기에 이르면서 베네치아는 자력으로 해상무역 강국으로 올라섰습니다. 지중해와 레반트 항구 사이를 항해하며 소금, 유리, 철, 목재와 노예까지 싣고 알렉산드리아에 가서 이슬람 대상이나 해상운송을 통해 가져온 향신료, 실크, 상아 같은 동방 물품과 교역했습니다. 베네치아 상인들은 동방 물품을 알프스를 넘는 육로나 지중해 해로를 통해 서유럽으로 수송하는 중계무역으로 부를 축적했습니다.

결정적으로 베네치아는 십자군전쟁 동안 십자군의 동방 원정에 필요한 물자와 병력을 자국 선박으로 수송하면서 큰 경제적 부를 쌓을 수 있었습니다. 무엇보다 십자군의 동방 원정에 힘입어 동방무역을 획기적으로 확대할 수 있었습니다.

특히 4차 십자군 원정은 베네치아에 엄청난 경제적 부를 가져다주었습니다. 당시 배로 수송해야 할 십자군의 병력과 물자는 기사 4,500명, 말 4,500필, 종자 9,000명, 보병 20,000명과 전쟁 수행에 필요한 여러 물자였습니다.

베네치아는 자신들의 상업적 이익을 위해서는 같은 기독교 세력에게도 침략과 약탈을 서슴지 않았습니다. 베네치아는 4차 십자군의 노르만 군대를 꾀어 처음 목표로 했던 이집트가 아닌 해상교역 초기 보호자 역할을 해주었던 콘스탄티노플을 포위하고 약탈했습니다.

비잔틴제국을 무너트린 후 베네치아가 받은 보상은 크레타섬, 이오니아제도, 펠로폰네소스반도의 여러 지역, 에게해 섬들, 콘스탄티노플의 8분의 3, 그리고 신생 라틴제국 전역에서 상업 자유권 등 실로 엄청난 것이었습니다.

새로 획득한 영토들은 지중해와 흑해를 항해하는 베네치아 선박들이 지나가는 길목에 위치해 있었습니다. 4차 십자군전쟁은 아드리아해의 조그만 도시 해양 공화국 베네치아가 지중해 곳곳에 식민지를 거느린 강력한 해양 제국으로 부상할 수 있는 계기가 되었습니다.

이러한 과정을 거치면서 14~15세기 초에는 해상무역 공화국으로서 전성기를 맞이하였습니다. 강력한 해군력을 유지하면서 지중해 해상무역의 본거지가 되었습니다. 모든 것이 베네치아에서 출발하여 베네치아에 이르고, 베네치아를 통과했습니다.

이탈리아 베네치아에 위치한 구 해군 조선소, 아르세날레 디 베네치아(Arsenale di Venezia). (사진:Shutterstock)

베네치아는 당대 최고의 해양력을 가진 해양 강국으로서 엄청난 부를 쌓았습니다. 전성기 베네치아의 수입은 프랑스의 5배에 달했다고 하니 베네치아의 부가 어느 정도였는지 짐작해 볼 수 있습니다. 베네치아는 1797년 나폴레옹에 의해 패망하기 전까지 독립 공화국으로 남아 수백 년간 지중해 무역의 강자로 군림했습니다.

대양을 향한 이베리아인들의 꿈

레콩키스타

지중해와 대서양을 동쪽과 남쪽에 두고 아프리카 대륙을 마주하고 있는 유럽의 남단이 이베리아반도입니다. 오늘날 포르투갈과 스페인이 위치하고 있는 곳입니다.

711년 이슬람 우마이야 왕조의 타리크 이븐 지야드가 북아프리카에서 베르베르인들을 이끌고 지브롤터해협을 건너와 이베리아반도 대부분을 정복했습니다. 이슬람 세력은 안달루시아 지방의 코르도바를 수도로 정하고 화려한 이슬람 문화를 꽃피웠습니다.

이베리아반도는 로마 시대에는 오랜 세월 '히스파니아'란 이름으로 불린 속주였기 때문에 로마의 전통과 기독교 문화가 깊이 스며든 곳입니다. 서로마제국이 멸망한 후 수에비족, 반달족, 서고트족 등 게르만족들이 이주해 왕국을 세우고 살았습니다.

이베리아반도를 정복한 이슬람 세력은 강제로 이슬람으로 개종하게 하지는 않았지만, 오랜 이슬람 지배 속에 많은 기독교인들이 이슬람으로 개종하였습니다. 기독교 신앙을 유지했던 이베리아인들은 비이슬람 교도를 칭하는 '딤미Dhimmi'로 취급되어 세금과 사회적 신분에서 큰 차별을 받았습니다.

이베리아반도 북부로 쫓겨난 기독교 왕국들은 이슬람 세력을 몰아내고 국토를 회복하기 위한 전쟁을 이슬람 정복 초기부터 지속적으로 벌여왔습니다. 이것이 '국토 수복 운동'이라는 의미의 '레콩키스타Reconquista'입니다.

이슬람 세력을 점차적으로 이베리아반도 남단으로 몰아내게 되면서 중세의 이베리아반도에는 기독교 왕국인 포르투갈Portugal, 아라곤Aragon, 카스티야Castilla와 이슬람 세력의 마지막 거점이 된 그라나다Granada 왕국이 존재하게 되었습니다.

포르투갈은 1249년 알폰수 3세가 포르투갈의 최남단 알가브르 지역을 수복함으로써 포르투갈의 레콩키스타를 완성하고 독립 왕국을 유지했습니다. 이사벨 1세의 카스티야와 페르난도 2세의 아라곤은 연합왕국을 설립하고, 1492년 이슬람의 최후 거점인 그라나다를 정복하여 레콩키스타를 완성했습니다. 이때는 콜럼버스가 신대륙을 발견한 해인데 둘 사이에는 깊은 연관이 있습니다. 레콩키스타를 완성하면서 여력이 생긴 이사벨 여왕이 콜럼버스의 항해를 후원했기 때문입니다.

그라나다는 이슬람 문화의 정수라 일컬어지는 '알함브라Alhambra 궁전'이 있던 곳입니다. 이슬람 세력은 지브롤터해협을 건너 본래의 북아프리카로 쫓겨났습니다. 이후 북아프리카 이슬람 왕국은 이베리아반도에서 쫓겨난 것에 대한 보복으로 지중해 유럽 국가들을 약탈하는 '바르바리 해적'들의 해적질을 후원하였습니다.

레콩키스타를 완성한 이사벨 여왕은 '알함브라 칙령'을 공포하며 기독교로 개종하지 않은 이슬람과 유대교도들을 이베리아반도에서 추방했습니다. 기독교로 개종하지 않으면 4개월 내에 스페인을 떠나야 했습니다. 칙령에서 명시된 유대인들의 죄는 '신성한 가톨릭 교리와 신앙 깊은 교도들을 무너뜨리려 시도했다'는 것이었습니다.

명백한 운명

레콩키스타를 이룬 이베리아인들에게 자신들뿐만 아니라 전 세계인의 역사를 바꿀 거대한 운명이 소리 없이 다가왔습니다. 이베리아인들은 처음에는 이것이 자신들의 운명이라는 것을 알아채지 못했습니다.

나중에 이것이 피할 수 없는 운명이라는 것을 깨닫게 된 후 거부하지 않았습니다. 오히려 그 운명의 목덜미를 잡아채고 올라타 다가오는 역사 속으로 힘차게 내달았습니다. 새로운 운명을 창조한 것입니다. 대양으로 진출하여 동방으로 가는 무역항로를 개척하고 미지의 땅을 개척하는 것이었습니다.

이베리아인들의 새로운 운명은 동방에서 시작되었습니다. 아시아를 지배하던 이슬람 세력 티무르제국과 동로마제국을 무너뜨린 오스만튀르크에 의해 동방으로부터 들여오던 향신료 수입이 막혀버린 것입니다. 이와 함께 명나라의 강력한 해금령에 의해 외국과 해상무역이 금지되면서 향신료가 희귀해지고 가격이 천정부지로 뛰었습니다.

이때 후추, 계피, 생강, 육두구, 정향 등 향신료는 유럽인들에게 없어서는 안 될 물품이었습니다. 향신료는 고기 누린내를 잡아주고 풍미를 더해줄 뿐 아니라 치료제, 소화제, 진통제로도 쓰였습니다. 중세까지 유럽에서는 결혼 지참금, 세금, 집세 등을 후추로 계산하기도 했습니다. 귀족의 사치품이었던 동방의 향신료는 서민들에게도 생활필수품이 되면서 수요가 폭발적으로 증가했습니다.

향신료는 아랍 상인들이 알렉산드리아와 같은 지중해 항구도시로 운반하면 유럽의 상권을 쥐고 있던 베네치아나 제노바 상인들이 지중해를 통한 해로나 알프스산맥을 넘는 육로를 통해 유럽 지역으로 운송했습니다. 이런 과정에서 소비지에서는 원래 가격보다 30~80배 뛰었습니다.

동방에서 향신료 수입 길이 막히자 가격은 천정부지로 치솟았습니다. 향신료 무역은 그야말로 '황금알을 낳는 거위' 같은 사업이었습니다. 향신료를 실은 선박이 항해 중 여섯 척 가운데 한 척만 무사히 돌아와도 이윤이 남을 정도였습니다.

이러한 사정은 대양 진출이 이베리아인들에게 거역할 수 없는 '명백한 운명 Manifest Destiny'으로 다가오게 했습니다. 대양으로 나아가 새로운 항로를 열고 미지의 땅을 개척하여 기독교를 전파하는 것은 신이 부여한 소명이라고 믿었습니다. 그러나 기독교 전파는 명분이었고, 동방으로 가는 무역항로를 개척하여 직접 향신료 무역을 하여 일확천금을 얻고자 하는 것이 진짜 목적이었습니다.

이 시기는 과학과 이성보다 종교적 가치가 우선하고 자연과 우주에 대한 지식이 충분히 축적되지 않은 때였습니다. 프톨레마이오스의 천동설과 지구는 평평하고 대양으로 나아가면 '죽음의 바다'가 있다는 믿음이 지배하던 때였습니다. 그러나 이베리아인들은 신화와 잘못된 믿음에 맞서면서 과감히 거친 대양으로 나아갔습니다.

대양으로 나아가 동방무역 항로를 개척해야 하는 '명백한 운명'을 받아들였습니다. 그리고 대항해시대라는 새로운 역사를 창조했습니다.

'관용'의 사그레스성

포르투갈 주앙 1세의 셋째 아들로서 '항해 왕자'로 불린 엔히크Prince Henry the Navigator, 1394~1460는 타고난 모험가이자, 다가올 대양 시대를 믿고 준비한 선각자였습니다. 그는 동방으로부터 직접 향신료를 들여오기 위해 아프리카를 돌아 아시아로 가는 무역항로를 개척하기로 결심하고, 서남단 사그레스성Sagres Fortress에 항해연구소를 설립했습니다.

그곳에서 조선, 항해, 천문, 지리, 해도 제작 기술자, 세공업자, 탐험가를 모아 대양 항해를 할 수 있는 선박과 항해기술을 연구하고 해도를 제작했습니다. 엔히크는 아랍인, 유대인 등 인종, 문화, 종교, 출신지를 상관하지 않고 최고의 전문가와 기술자를 사그레스성으로 모았습니다. 이리하여 대양 항해에 필요한 지식과 기술, 장비를 연구할 수 있는 정보·지식·창조의 국제공동체가 만들어졌습니다.

사그레스성의 국제공동체를 가능하게 한 것은 다른 문화, 종교, 인종에 대한 관용Tolerance 정신이었습니다. 이 때문에 오랜 시간 자신들의 지배자였던 우수한 아랍인 학자를 초빙하여 그들의 지식과 과학기술을 도입할 수 있었습니다. 또한 기독교로 개종을 거부한 유대인들을 받아들여 그들의 자본과 지식을 활용할 수 있었습니다.

종교와 인종, 문화를 초월한 국제 연구 공동체이자 기독교, 유대교, 이슬람의 다문화가 융합된 사그레스성 항해연구소는 대항해시대를 연 선박과 무기를 발명하였습니다. 가장 큰 성과는 바이킹 선박과 이슬람의 삼각돛 배를 결합하여 역풍에서도 항해가 가능하게 한 '이베리아의 보석'이라 불린 범선 '카라벨Caravel'선의 발명이었습니다.

세 개의 마스트를 갖추고 삼각돛과 사각돛을 결합한 카라벨선이 일반화되면서, 장거리 대양 항해가 가능하게 되었습니다. 이것은 대항해시대를 가능하게 한 조선기술의 거대한 혁명이었습니다.

포르투갈의 빌라 도 비스포(Vila do Bispo)에 있는 사그레스성 (사진:Shutterstock)

사그레스성의 기술자들은 선체에 포문을 내는 기술을 개발하여 선박의 무장을 엄청나게 증가시켰습니다. 많은 포를 탑재하면서도 갑판의 포에 비해 탁월한 고정성을 확보할 수 있었습니다. 그리고 배의 안정성은 오히려 향상되었습니다. 이들은 대포와 함께 대항해시대 유럽인들의 핵심적 무기였던 머스킷총_{화승총}을 개발하였습니다.

유럽인들은 이들이 발명한 카라벨선, 장착된 대포, 화승총을 앞세워 세계사를 바꾼 대항해시대를 열었습니다.

포르투갈의 고리

엔히크 왕자는 사그레스성의 연구자들이 개발한 범선과 대포, 화승총으로 무장하고 아프리카를 돌아 아시아로 가는 무역항로 개척에 나섰습니다. 수십 번의 도전과 연이은 실패를 겪은 뒤에 세상의 변경으로 여겨졌던 사하라 해안의 보자도르곶_{Cape Bojador}을 넘어 아프리카 서안 항로 개척에 성공했습니다.

그의 사후 포르투갈은 1488년 바르톨로뮤 디아스_{Bartolomeu Diaz, 1450~1500}가 아프리카 남단 '희망봉'을 발견하고, 10년 후 바스코 다 가마_{Vasco da Gama, 1469~1524}는 희망봉을 돌아 인도를 가는 항로 개척에 성공했습니다.

대포와 화승총으로 무장한 포르투갈 원정대는 아프리카 동부 해안에서 홍해, 인도양에 걸쳐 연안 지역을 점령하고 점령지에 상관과 요새를 건설했습니다. 인도에는 고아, 코친 등 인도 해안 각지에 상관을 세우고 고아를 중심으로 150여 년간 해상무역을 독점했습니다. 동방의 약한 군사력을 알게 된 후 포르투갈인들은 압도적인 무력으로 아시아의 많은 지역을 차례로 점령해 나갔습니다. 16세기 초에는 호르무즈, 고아, 몰루카, 티모르에 이르는 '포르투갈의 고리'라 불리는 거대한 지역이 포르투갈의 지배하에 놓이게 되었습니다.

당시 인구 100만의 유럽 소국 포르투갈이 동아프리카에서 인도양, 동남아시아에 이르는 거대한 바다를 지배하게 된 것이었습니다. 포르투갈이 점령한 바다와 해안 지역은 '포르투갈의 고리', 포르투갈어로는 '에스타도 다 인디아 Estado da India, 인도령'라 불렸습니다.

포르투갈인들은 점령지에서 기존의 상거래 질서와 관습을 철저히 파괴하며 무력을 앞세워 독점적 향신료 상거래 질서를 구축했습니다. 자신들이 지배하는 인도양에서 자의적으로 '통행증 Cartaz'을 발행하여 통행세를 거두고, 지나가는 배들을 약탈했습니다.

인도양과 동남아시아를 지배하에 둔 포르투갈인들은 대포와 화승총을 앞세워 극동으로까지 진출하였습니다. 1513년 마카오에 상관을 설치하고, 30년 후에는 일본 규슈 남부 다네가시마 種子島에 상륙했습니다. 이곳에서 일본인들에 화승총 두 자루를 건네주었습니다.

이들이 건네준 화승총은 동아시아 무력에 일대 혁명을 가져왔습니다. 전국을 통일한 도요토미 히데요시는 화승총을 앞세워 조선을 침공했습니다. 임진왜란이었습니다.

산 살바도르(San Salvador)

이사벨 여왕의 도박과 콜럼버스

인류 역사에는 좋은 의미든 나쁜 의미든 세계사의 물줄기를 바꾼 여러 여왕들이 있습니다. 대서양을 건너 인도항로를 개척하려는 콜럼버스에 과감한 도박을 함으로써 스페인이 향후 500여 년 동안 세계에서 위력을 과시할 수 있던 길을 열었던 이사벨 여왕 Isabel I도 그중 한 사람입니다.

이베리아반도가 포르투갈, 카스티야, 아라곤, 그라나다 왕국으로 나뉘어져 있던 시절, 카스티야의 공주였던 이사벨은 왕위 계승 문제로 핍박받으면서 불행한 어린 시절을 보냈습니다. 가톨릭의 힘으로 고난을 이겨낼 수 있었던 이사벨 여왕에게 이교도가 이베리아반도를 차지하고 있는 것은 도저히 참을 수 없는 죄악이었습니다. 이사벨 여왕은 남편 페르난도 아라곤 국왕과 함께 레콩키스타국토 수복 운동에 나서 1492년 그라나다에 남은 마지막 이슬람 세력을 지중해 건너 북아프리카로 쫓아냈습니다.

이 무렵 포르투갈에서 이사벨 여왕을 찾아온 사람이 대항해시대를 본격적으로 열며 신대륙을 발견하게 되는 크리스토퍼 콜럼버스Christopher Columbus, 1451~1506였습니다. 콜럼버스와 이사벨의 만남은 세계사를 바꿔놓은 역사적인 사건이었고, 이사벨 여왕을 역사상 가장 뛰어난 군주의 반열에 올려놓는 계기가 되었습니다.

제노바 출신의 항해가 콜럼버스는 프톨레마이오스의 천동설이 지배하는 중세적 세계관 속에서 '지구는 둥글다'고 믿었습니다. 그렇기 때문에 아프리카 대륙의 희망봉을 돌아 인도로 가지 않더라도 서쪽으로 가면 향신료, 비단, 황금이 있는 인도와 동방으로 갈 수 있다고 확신했습니다.

콜럼버스가 포르투갈 주앙 2세에게 그의 항해 계획을 설명하자 미치광이 취급하며 일언지하에 거절해 버렸습니다. 당시 포르투갈은 희망봉을 발견하며 아프리카를 돌아 인도를 가는 항로 개척에 모든 국력을 쏟아붓고 있었기 때문에 다른 곳에 신경 쓸 여유가 없는 현실적 이유도 있었습니다.

낙담한 콜럼버스는 이사벨 여왕을 찾아갔습니다. 남편 페르난도 국왕은 콜럼버스의 제안이 허무맹랑하다며 코웃음 쳤지만, 이사벨은 콜럼버스의 세 번에 걸친 간청에 '돈이 될 수 있다'는 것을 직감하고 후원을 결정했습니다.

아직 레콩키스타가 완료되지 않아 6년을 기다린 끝에 마침내 1492년 8월 3일 인도항로 개척에 나섰습니다. 이사벨 여왕의 환송을 받으며 콜럼버스는 산타마리아호 등 세 척의 배를 이끌고 스페인 남부 팔로스항을 출발했습니다.

선원들의 반란 속에 항해를 포기할 뻔한 역경을 겪으며 항해에 나선 지 69일 만에 마침내 북아메리카의 바하마제도에 상륙했습니다. 콜럼버스는 무사히 항해할 수 있게 해준 '신의 은총에 감사'하는 의미로 그가 도착한 곳을 'San Salvador 신의 은총' 섬으로 명명했습니다.

콜럼버스는 인도에 도착했다고 믿고 이곳을 서인도제도 West

Indies로 불렀습니다. 콜럼버스의 신대륙 발견은 인류의 근대 역사에서 큰 분기점이 되는 사건이었습니다.

스페인 팔로스 데 라 프론테라(Palos de la Frontera)의 카라벨라 박물관에는 크리스토퍼 콜럼버스가 아메리카 첫 항해에 탔던 산타마리아, 핀타, 니냐 호가 재현되어 있다. (사진:Shutterstock)

돈키호테의 스페인

세르반테스의 소설 《돈키호테 Don Quixote》는 스페인 남부 라만차 지방의 시골 귀족 돈키호테가 과도하게 기사 소설에 탐닉하다 상상 속의 편력 기사가 되어 온갖 기행을 저지르는 이야기입니다.

《돈키호테》는 작가 세르반테스가 1605년에 출간했습니다. 이때는 콜럼버스가 신대륙을 발견한 후 100여 년이 지난 시기로 전 세계 대륙으로 진출한 스페인이 최전성기를 누리던 때입니다.

소설 속에는 이러한 시대적 배경과 세르반테스의 개인적 경험이 묘사되어 있습니다. 세르반테스는 1571년 스페인, 베네치아, 교황의 연합 함대가 오스만제국 함대를 격퇴한 '레판토 해전'에 참전했습니다. 레판토 해전은 기독교 함대가 이슬람 세력의 서진을 막아낸 역사적 의의가 아주 큰 해전입니다.

전투 중 세 발의 총탄을 맞고 평생 왼쪽 팔을 못 쓰게 되어 '레판토의 외팔이'라는 별명을 얻게 됩니다. 그 후 세르반테스는 1575년 마르세유 해안에서 알제리 해적들에게 붙잡혀 5년 동안 '목욕탕'이라 불리는 수용소에서 포로 생활을 했습니다. 네 번의 탈출 시도 후 스페인 삼위일체 수도회가 몸값을 치러주어 자유의 몸이 됩니다.

세르반테스가 참전했던 '레판토 해전'은 범선 시대가 오기 전 노를 저어 움직이는 갤리선에 의한 마지막 해전이었습니다. 갤리선 시대에는 노잡이를 확보하는 것이 가장 어려운 일이었습니다. 전함 한 척당 수십 명의 노잡이가 필요했기 때문에 부족한 노잡이를 충당하기 위해 전쟁에서 잡은 포로나 죄수들을 노잡이로 보냈습니다.

노잡이는 좁은 격실에서 온몸이 부서져라 노를 저어야 하는 혹독한 노동이었기 때문에 중한 형벌이었습니다. 소설에서 돈키호테가 갤리선 노예로 끌려가는 죄수를 풀어주는 일은 이러한 시대적 배경을 담고 있습니다.

돈키호테가 모험길에서 만난 처녀 '도로테아'를 아프리카에 있는 왕국의 공주로 착각하고 왕국을 빼앗긴 그녀를 도우러 가기로 한 이야기가 나옵니다. 돈키호테의 종자로 모험길에 따라나선 산초 판사는 돈키호테가 공주와 결혼하여 왕이 되면 자신도 그 왕국에서 한 자리 차지할 것으로 믿고 들떠서 내뱉습니다.

"신하들이 흑인이면 어떤가? 배에 실어 와서 스페인으로 데려간 다음 팔아넘기면 되잖아. 그 돈으로 평생 편히 쉬면서 살 수 있는 웬만한 작위나 공직을 살 수 있겠지."

이 같은 산초의 생각은 삼각무역 형태로 흑인 노예무역이 성행했던 당시의 시대상을 반영한 것이라 할 수 있습니다. 오늘날 유럽 해양제국들이 번성한 이면에는 이러한 노예무역이 있었습니다.

소설 속에는 해양 강국 스페인의 시대 상황을 잘 드러낸 대사가 나옵니다.

"스페인에는 '교회, 바다, 왕실'이라는 격언이 있다. 권력과 부를 얻으려면 성직자가 되거나 상술을 발휘하여 해상무역을 하거나 왕궁에 들어가 국왕을 섬기라는 것이다."

가톨릭의 핵심 국가이며 합스부르크 왕조의 절대적인 영향력하에 있던 스페인의 당시 정치 상황과 전 세계의 대륙과 해양으로 진출하여 거대한 해양제국을 이룬 스페인의 상황을 상징적으로 보여주는 장면입니다.

지중해 중계항 알렉산드리아

헬레니즘 시대의 지식과 문화 중심지

이집트의 지중해 항구도시 알렉산드리아는 기원전 331년 알렉산드로스 대왕이 페르시아제국을 정복하고 건설한 도시입니다. 이 도시는 헬레니즘과 로마가 지배하는 동안 빛나는 항구였습니다.

중세 시대에 알렉산드리아는 유럽인들이 동방 항로를 개척하기 전 향신료를 비롯한 동방으로부터 들여오는 산물이 집하되었다가 서유럽 전역으로 퍼져나간 중계무역항이었습니다.

이슬람 상인들에 의해 중국의 푸저우, 항저우에서 선적된 비단, 도자기, 차, 향신료는 인도양, 홍해를 거쳐 나일강을 따라 올라가 알렉산드리아에 집하되었습니다. 이곳에서 다시 베네치아, 제노바 상인들의 손을 거쳐 지중해 각지나 알프스를 넘는 육로나 이베리아 반도로 돌아가는 해로를 통해 서유럽으로 운송되었습니다.

알렉산드리아는 중계무역항으로 번성하면서 헬레니즘 시대의 지식과 문화 중심지로 발전했습니다. 전성기 동안 이 도시의 도서관은 항구로 들어오는 모든 문서를 복사하여 보관했고, 장서가 70만 권에 달했습니다.

그리스의 과학, 수학, 의학은 알렉산드리아에서 다시 발전했습니다. 물시계가 발명되었고, 오락용으로 소형 증기기관 모델이 만들어지기도 했습니다. 1,700년 뒤 제임스 와트가 똑같은 원리를 이용해서 증기기관을 만들어 산업혁명을 촉발했다는 것을 상기하면, 고대 알렉산드리아의 과학기술과 학문이 어느 정도였는지 짐작해 볼 수 있습니다.

알렉산드리아는 항해 역사와 문명의 교류에서도 아주 중요한 역할을 했습니다. 그리스 선원들이 몬순 기후를 이용해서 아덴만과 인도 남부 사이를 항해하는 혁신적 발견을 한 것도 기원전 2세기 알렉산드리아에서 비롯되었습니다.

로마 시대에는 이집트의 곡물을 로마로 수출했고, 이슬람 문명에는 항해술을 전파했습니다. 중세에 알렉산드리아는 지중해 상업의 주축이면서 이슬람 문명과 서구 문명을 이어주는 매개자였습니다.

유대인의 디아스포라와 알렉산드리아

알렉산드리아는 유대인들의 '이산Diaspora'의 역사와 밀접한 관계가 있는 곳입니다. 알렉산드로스는 정복한 지역의 유대인들을 데려와 알렉산드리아 건설에 동원하였습니다.

유대인들은 그리스 제국 곳곳에 공동체를 건설하고 실크로드를 이용해서 중앙아시아와 인도까지 무역을 했습니다. 특히 지중해 연안의 유대인 공동체가 주도하는 해상무역이 알렉산드리아를 중심으로 급격히 발전했습니다. 알렉산드리아가 번성하자 다른 지역의 유대인들이 대거 몰려들었습니다. 인구 100만 가운데 40퍼센트가 유대인이었습니다.

유대인들이 믿는 유대교는 배움을 강조하는 종교입니다. "하나라도 더 배워 하느님의 섭리를 하나라도 더 이해하면 하느님께 한 발자국이라도 더 가까이 갈 수 있다"라고 가르쳤습니다. 이렇게 축적된 교육의 힘은 오늘날 유대인들이 창의력으로 세계 시장에서 성공하고 세계 지식사회를 주도하는 원천입니다.

이산된 유대인들은 글을 읽고 쓰는 능력과 지중해 곳곳에 흩어져 있는 유대인 공동체 간 정보교환, 뛰어난 이재술로 상업과 무역을 주도하였습니다. 금전 거래를 죄악시하던 중세 시대에 유대인들은 대부업에 종사하며 부를 축적했습니다.

그러나 예수를 죽게 하였다는 굴레, 배타적인 선민사상과 자신들의 문화를 고집하는 태도로 정착지에서도 온갖 박해를 받고 재산을 몰수당하며 추방되기 일쑤였습니다. 스페인에 거주하던 유대인들은 스페인이 통일된 1492년 이사벨 여왕의 칙령에 의해 살던 곳으로부터 모든 것을 잃고 추방당했습니다.

이때 추방된 유대인들의 수가 17만 명에 달했습니다. 유대인 추방령은 이교도를 추방하고 재산을 몰수하여 전쟁으로 이반된 민심을 수습하고, 전비를 충당하려는 목적이었습니다. 콜럼버스의 신대륙 탐험을 위한 원정경비도 당시 몰수된 유대인의 재산이 큰 몫을 했습니다.

유대인들은 추방에 대비해 재산을 1/3은 현금, 1/3은 보석이나 골동품 같은 현금성 재산, 1/3은 부동산으로 삼분하여 분산시켜 관리했습니다. 오늘날 안정적인 자산관리를 위해 자산을 분산 관리하는 것을 의미하는 '포트폴리오 Portfolio'는 여기서 유래했습니다.

이재에 밝은 유대인들은 세계 경제를 주도하는 도시에 몰려 살았습니다. 스페인 왕국의 수도 톨레도, 추방령 이후에는 네덜란드의 암스테르담이 유대인의 도시가 되어 중상주의의 꽃을 피웠습니다. 그 뒤 런던을 거쳐 뉴욕에 이르기까지 세계 경제의 수도에는 유대인들이 있었습니다. 아픈 이산의 역사에서 축적된 지식과 경험은 오늘날 유대인들이 세계 금융시장을 주도하는 원동력이 되었습니다.

3.
바다를 지배한 자가 세계를 지배했다 II

엘리자베스 시대의 해양

해적 국가

수년 전 미국 해군대학U.S. Naval War College에서 연수를 할 때였습니다. 교육 중인 해군 장교들을 대상으로 수업을 할 기회가 있었습니다. 수업 전에 시간이 있어 조교를 하던 영국 해군 소령과 잠시 이야기를 나누었습니다.

그에게 "대영제국은 해적 국가에서 시작되었다", "영국 저명 역사가의 지적이다"라는 나의 농담성 돌직구에 그의 얼굴이 새빨개지며 당혹해하면서도 동감을 표시했던 기억이 있습니다.

해적이 국가의 후원을 받으면서 영국 역사에 중요한 의미를 지니게 된 시기가 엘리자베스 여왕Elizabeth I 시대입니다. 해양국가 영국의 역사에서 엘리자베스 여왕 시대는 아주 특별한 의미를 지닙니다. 섬나라이지만 해양 진출에서 별다른 주목을 받지 못하던 영국이 본격적으로 해양국가로 성장하고, 유럽의 변방에서 중심으로 부상하는 시기였기 때문입니다.

영국은 포르투갈과 스페인이 대양으로 진출하여 동방 무역항로를 개척하고 신대륙을 발견할 때 프랑스와 백년전쟁 1337~1453을 하고 있었기 때문에 대양 진출에 나설 어력이 없었습니다. 전쟁이 끝나서야 후발 주자로 뒤늦게 대양 진출에 나섰습니다.

그러나 선발 주자 포르투갈과 스페인이 해양을 반분하고 독점체제를 확립하고 있었기 때문에 영국이 비집고 들어갈 수 있는 틈이 없었습니다. 이때 영국이 눈을 돌린 것은 신대륙에서 금과 은을 싣고 오는 스페인 보물선을 약탈하는 것이었습니다.

영국은 사략선 Privateering 제도를 만들어 해적질을 공인해 주며 적국의 상선을 약탈하도록 했습니다. 사략선 제도는 곧 '국가 공인 해적질'이었습니다. 엘리자베스 1세는 영국 선박에 '사략선 면허장 Letter of Marque'을 주어 약탈 권한을 공식적으로 인정해 주었습니다. 여왕 통치 15년 동안 영국은 매년 100~200척에 달하는 사략선 면허장이 부여되었고, 이들은 정부에 10만 5천~30만 프랑의 수익을 가져다주었습니다.

사략선은 정부 공인 해적질이었지만, 영국으로서는 재정도 확충하고 부족한 해군 상비군을 보충하는 역할을 했으므로 그야말로 꿩 먹고 알 먹는 수지맞는 사업이었습니다. 인정하기는 싫겠지만 해적질은 전 세계 바다를 지배했던 대영제국의 출발이었습니다.

해양제국 초석 놓은 헨리 8세

엘리자베스 1세는 호탕하고 바람기 많은 헨리 8세와 앤 불린 사이에서 태어났습니다. 헨리 8세는 왕위 계승자인 형 아서가 요절하자 스페인 공주 출신의 형수 캐서린과 결혼했습니다. 그 사이에서 딸 메리가 태어났습니다. 그사이 헨리 8세는 캐서린의 시녀였던 프랑스 출신의 앤 불린과 눈이 맞아 캐서린과 이혼하고 앤 불린을 왕비로 맞이하고자 했습니다.

헨리 8세는 캐서린이 연이어 사산하는 것이 형수와 부정한 결혼 때문이라는 이유로 로마의 교황에게 이혼을 허가해 주기를 요구했습니다. 스페인의 영향력 아래 있던 교황이 스페인 공주와의 이혼을 허가해 주지 않자 로마 교황청과 단절을 선언하고 국교회, 즉 오늘날 영국 성공회를 선포했습니다. 그리고 수장령을 발표하여 영국왕이 교회의 수장이 되었습니다.

〈천일의 앤〉이란 영화로 잘 알려진 앤 불린과 사이에 엘리자베스 1세가 태어났습니다. 어머니 앤 불린이 결혼한 지 3년 만에 간통죄로 처형되자 엘리자베스는 홀로 자랐습니다. 헨리 8세가 죽고 이복 남동생 에드워드가 잠시 왕위에 올랐다가 죽으면서 엘리자베스의 이복 언니 메리가 여왕이 되었습니다.

메리는 독실한 가톨릭 신자였습니다. 국내의 반대를 무릅쓰고 당시 최강이었던 가톨릭 맹주국 스페인의 펠리페 왕자와 정략결혼을 했습니다. 펠리페의 사랑이 식고 스페인과 프랑스와의 전쟁에 참전했다가 프랑스 내 영국의 거점 '칼레'를 잃고 민심마저 자신에게 등을 돌리자, 제정신이 아니게 된 메리는 프로테스탄트에 대한 광적인 탄압을 했습니다. 이단자를 처단하기 위해 종교재판과 화형으로 수천 명의 신교도를 처형했습니다. 이 때문에 '피의 메리Blood Marry'로 불렸습니다.

메리가 병으로 죽으면서 뒤이어 엘리자베스가 왕위에 올랐습니다. 그녀는 메리와 달리 신교도를 후원하는 정책을 폈습니다. 처녀로 있으면서 유럽 왕실의 구애자를 상대로 애를 태우면서 외교에 적절히 활용하였습니다.

아버지 헨리 8세는 바람기 많은 왕이었지만, 대해양제국 영국의 초석을 놓은 왕이었습니다. 해양 강국 영국은 헨리 8세로부터 시작되었다고 할 수 있습니다. 헨리 8세는 조선술과 항해술을 발전시키고 많은 배를 건조하여 영국의 해양력을 획기적으로 늘렸습니다. 갑판에서 이동할 수 있는 함포를 개발하여 해상 전투력을 한층 높인 것도 헨리 8세 때였습니다.

엘리자베스와 해적 드레이크

이베리아반도의 포르투갈과 스페인이 전 세계에 무역항로를 개척하며 향신료 무역으로 막대한 부를 쌓아가고 있었으나 영국은 쳐다만 보고 있는 꼴이었습니다. 영국도 뒤늦게 무역항로 개척에 뛰어들며 두 나라가 시도하지 않은 북쪽 항로를 개척하여 아시아로 가고자 했으나 빙산에 막혀 포기했습니다.

영국이 할 수 있는 것은 스페인이 신대륙에서 가져오는 막대한 금은보화를 바다에서 약탈하는 것이었습니다. 이 일에 제일 앞장선 사람이 사략선 선장이었던 프랜시스 드레이크Francis Drake였습니다.

드레이크는 그의 갤리선 골든 하인드Golden Hind호를 타고 대서양을 누비면서 스페인 식민지와 선박에 대한 약탈을 일삼았습니다. 1579년에는 신대륙에서 약탈한 보물을 가득 싣고 오던 스페인 선박을 약탈하였습니다. 금과 은, 진주와 식기류를 옮겨 싣는 데 6일이나 걸렸을 정도로 엄청난 규모였습니다. 이것은 사략선 역사상 가장 성공적인 약탈로 알려져 있습니다.

이 사건 이후 스페인의 공적이 되면서 위협을 느낀 드레이크는 마젤란해협과 동인도를 지나 태평양으로 무대를 옮겼습니다. 공동 출자 형식으로 준비된 이 원정계획에 엘리자베스 여왕도 출자자의 한 명이었습니다. 여왕은 최강국 스페인의 눈치를 살피면서 사략선에 투자하여 자신의 이익을 챙기는 데 열심이었습니다.

2년 9개월의 항해를 마치고 플리머스로 귀환했을 때 엘리자베스 여왕은 막대한 배당을 받았고, 출자자들은 4,700배의 배당을 받았습니다. 스페인 대사가 엘리자베스 여왕에게 강력히 항의하자 대사를 드레이크의 골든 하인드호로 불렀습니다.

엘리자베스는 드레이크에게 엄숙히 "스페인은 너를 해적이라 한다"라고 말한 다음 꿇어앉힌 후 위엄을 갖추어 말했습니다.

"일어나시오! 드레이크 경!"

그리고 스페인 대사가 보는 앞에서 기사 작위를 수여했습니다.

처벌해도 시원하지 않을 판에 공적인 드레이크를 자신 앞에서 기사 작위를 주는 모습에 스페인 대사는 아연실색하지 않을 수 없었습니다. 결국 스페인과 영국은 전쟁을 피할 수 없게 되었습니다.

엘리자베스 여왕은 드레이크를 왕실함대 사령관으로 임명하여 스페인과의 전쟁을 이끌도록 했습니다. 드레이크가 지휘하는 영국 함대는 1588년 칼레해협에서 스페인의 무적함대 '아르마다Armada'를 격파했습니다. 이 승리는 영국의 국력이 비약적으로 성장하는 최초의 상징으로 평가됩니다. 이후 영국은 유럽의 변방에서 중심으로 진입했고, 해양 강국으로 부상하게 되면서, '해가 지지 않는' 대영제국을 건설하게 됩니다.

엘리자베스 여왕 치세 말기인 1600년, 희망봉에서 마젤란해협에 이르기까지 아시아, 아프리카, 아메리카 대륙의 섬과 항구에 대한 무역독점권을 가진 영국 동인도회사가 설립되었습니다. 엘리자베스 1세는 제해권을 바탕으로 대영제국의 기반을 마련한 여왕이었습니다.

미국 독립의 공로자 '사략선'

대항해시대가 끝나고 대서양을 무대로 하는 해적의 전성시대는 끝났지만, 그 자리를 정부 후원 해적질인 사략선이 차지했습니다. 나포 면허증을 가지고 적국 선박이나 재물을 약탈할 수 있었던 사략선은 전시에는 해군으로 편입되어 전쟁에 참여했습니다. 사략선은 공인 해적인 동시에 부족한 해군 상비군을 대신하는 준해군이었습니다.

사략선은 초기에는 국가에 막대한 재정수입을 가져다주었지만, 나중에는 국가의 통제권 밖에서 활동하며 제멋대로 약탈과 노획을 일삼았습니다. 16세기 서인도제도에는 유럽 각국의 사략선들이 출몰하여 상대국 상선을 무차별적으로 습격하고 약탈했습니다. 유럽 열강이 오랜 전쟁을 끝내고 평화조약을 체결하면서 평화의 시대가 오자 일자리를 잃게 된 사략선 선원들은 해적이 되어 약탈과 노획을 일삼았습니다.

영국 엘리자베스 1세 시대에 시작된 사략선은 100여 년이 지난 후 프랑스 사략선이 영국과 네덜란드의 전쟁으로 전성기를 맞이했습니다. 영국 식민지 미국에서는 사략선을 관리·통제하는 '전리품 법안'이 제정되면서 많은 사략선이 출몰했습니다. 이에 따라 볼티모어와 같은 일부 도시는 사략선 기지로 전락했습니다.

식민지 미국은 해군을 창설했지만, 열세인 해군력으로 영국 해군에 직접 맞서는 대신 사략선을 이용하여 영국 상선을 공격함으로써 저항했습니다. 막대한 피해를 입은 영국 상인들은 영국 정부에 미국의 독립을 승인하라고 압력을 가했습니다.

사략선의 영국 상선 약탈과 전리품 노획은 식민지 미국인들에게 다양한 물품을 공급해 주었습니다. 독립전쟁 기간에는 영국 해군의 미국 수송함과 해안선 공격을 막아주는 역할까지 수행했습니다. 식민 지배국 영국에서 시작된 사략선이 식민지 미국의 독립에 큰 역할을 한 것입니다.

미국 독립전쟁 후 영국과 프랑스가 전쟁을 벌이면서 해군력이 빈약한 프랑스는 사략선을 적극 활용했습니다. 프랑스 편을 들던 미국이 독립전쟁으로 생긴 반목을 청산하기 위해 영국과 화친조약 Jay Treaty을 맺자, 프랑스는 크게 분노했습니다. 그 결과 프랑스 사략선은 카리브해에서 11개월 동안 미국 상선 316척을 나포했습니다.

미국은 자국 상선을 보호하기 위해 1798년 해군을 재창설했고, 시급한 임무가 미국 해역에서 프랑스 사략선을 퇴치하는 것이었습니다. 미국은 1798년부터 3년간 지속된 '해적전쟁 Pirate War' 또는 '준전쟁 Quasi-War'이라 불리는 전쟁에서 프랑스 사략선들을 카리브해로부터 몰아냈습니다.

1812년 영국과 다시 전쟁을 벌이게 되자 미국 의회는 사략선 활동을 법적으로 보장해 주었고, 상인들은 자신들 선박에 무장을 했습니다. 3년간의 전쟁에서 1,300여 척의 영국 상선들이 미국 사략선에 약탈당했습니다.

이후 정부 후원 해적질은 사실상 종언을 고했습니다. 공식적으로는 1856년 파리선언에 의해 완전히 역사 속으로 사라졌습니다. 미국 사략선은 영국과의 독립전쟁에서 큰 기여를 했지만, 순전히 애국심에서 기인한 것은 아니었습니다. 사략선도 어디까지나 부를 좇아 선박을 약탈한 해적질이었습니다.

더치 황금기

반 고흐와 히딩크의 나라

북유럽의 소국 네덜란드는 우리에게는 해수면보다 낮은 국토, 풍차와 튤립, 반 고흐의 나라 정도로 알려져 있었습니다. 네덜란드 출신 히딩크 감독이 2002 월드컵에서 한국 축구팀의 4강 신화를 이룬 이후 아주 친근한 나라가 되었습니다.

1653년 네덜란드 동인도회사 소속의 하멜Hamel 일행이 대만에서 나가사키로 가던 중 태풍을 만나 제주도에 표착하여 13년간 머물렀다는 것을 제외하면 우리와 특별한 관계가 있었던 나라는 아니었습니다.

그러나 유럽 국가들의 해양 팽창 역사를 논할 때 네덜란드를 빼놓고 결코 이야기할 수 없습니다. 해양 지배 역사에서 차지했던 네덜란드의 위치는 포르투갈, 스페인, 영국, 오늘날의 미국과 어깨를 나란히 합니다. 네덜란드도 이들 국가와 마찬가지로 강력한 해양력을 바탕으로 세계 여러 곳에 식민지를 만들고, 해상무역을 통해 막대한 부를 쌓았습니다.

스페인 식민지였던 네덜란드는 '80년 전쟁1568~1648'에서 독립국이 된 이후 해양 강국으로 부상하며 몇 세기 동안 전 세계 해상무역을 주도했습니다. 네덜란드는 전통적으로 제조업과 해운업, 금융업이 발달한 국가였습니다. 이런 기반 위에 독립 이후 아프리카, 브라질, 아시아, 카리브해로 진출하여 노예무역과 밀수무역을 시작했습니다.

네덜란드는 '낮은Neder 땅Land'이라는 이름에서 알 수 있듯이 국토의 상당 부분이 해수면보다 낮아 빈번히 바닷물이 육지로 밀려들고, 비가 내릴 때면 수시로 강물이 범람했습니다. 현재 국토 중 17퍼센트 이상이 16세기 이후 수 세기 동안 매립한 땅입니다. 수도 암스테르담Amsterdam과 같이 네덜란드 도시 이름에 댐Dam이 많은 이유입니다.

불리한 지리적 여건과 함께 16세기 초 인구 300만의 조그만 나라 네덜란드의 배후에는 가톨릭의 합스부르크 왕조가 버티고 있었습니다. 스페인과 독립전쟁에서 독립을 쟁취한 신흥 프로테스탄트 국가 네덜란드는 활로를 바다에서 찾을 수밖에 없었습니다.

그래서 영국인들이 '바다에 마음이 끌렸다 drawn to the sea'면, 네덜란드인들은 '바다로 내몰렸다 driven to the sea'라고 할 정도로 해양 진출은 네덜란드인들의 피할 수 없는 운명이었습니다. 이들은 스페인과 독립전쟁을 벌이는 와중에도 용병을 고용하여 전쟁을 치르며, 자신들은 바다로 나가 선단을 운영하며 해운업과 무역에 종사했을 정도였습니다.

네덜란드 황금기

네덜란드는 뛰어난 항해기술과 과학기술을 앞세워 동방으로 가는 항로와 무역기지를 개척하였습니다. 이로 인해 17세기 네덜란드는 세계에서 가장 부강한 나라 중 하나였습니다.

이 시기를 네덜란드인들은 '더치 황금기 Dutch Golden Age'라 부릅니다. 17세기 후반 이후 영국에 밀려 네덜란드는 동방에서 독점적 무역 지위를 내주면서 밀려났지만, 세계 해양 역사에서 네덜란드가 끼친 영향은 지대했습니다.

네덜란드가 지리적으로 불리한 여건을 극복하고 해양 강국이 될 수 있었던 배경에는 '개방성'과 '관용정신'이 있었습니다. 1492년 스페인과 1497년 포르투갈로부터 추방된 유대인들은 종교의 자유가 보장되는 네덜란드로 대거 이주해 왔습니다. 이들은 스페인과 벌이는 네덜란드 독립전쟁에 자금을 적극 지원했습니다. 네덜란드마저 스페인에 정복당하면 더 이상 종교의 자유를 찾아갈 곳이 없었기 때문입니다.

네덜란드 해상무역의 중심지는 암스테르담이었습니다. 유대인들의 자본과 금융, 무역 덕택에 암스테르담은 유럽 최대의 항구로 성장했고, 세계 경제 중심지로 부상했습니다. 1628년경 암스테르담은 인구 11만의 도시로 성장하며 유럽 4대 도시의 하나가 되었습니다.

암스테르담에는 은행, 주식거래소, 상업기관 등이 설립되면서 북유럽 최대의 무역거점이 되었습니다. 이때 가장 중요한 무역품이 동방에서 들여오는 향신료였습니다.

청어잡이는 네덜란드의 초기 상업자본 축적에 큰 기여를 했습니다. "암스테르담은 청어의 뼈 위에 건설되었다"라고 할 정도였습니다. 네덜란드가 스페인으로부터 독립할 당시 2천여 척의 청어잡이 어선이 있었습니다. 그러나 독립 후 네덜란드는 전 세계 바다로 진출하면서 금융·조선·해운 대국으로 변신했습니다. 이러한 변신의 배경에는 네덜란드인들의 뛰어난 조선·항해술과 금융제도의 뒷받침이 있었습니다.

'바다의 마부'라 불릴 정도로 조선술과 항해술이 뛰어났던 네덜란드인들은 효율성이 아주 높은 플류이트선 Fluyt Ship 을 개발했습니다. 선체가 항아리처럼 생긴 플류이트선은 건조비가 기존 선박보다 저렴했고, 적은 선원으로 더 많은 화물을 실을 수 있었기 때문에 선박 운영의 효율성이 매우 뛰어났습니다. 이를 바탕으로 네덜란드는 영국을 제치고 북유럽의 연안해운을 장악할 수 있었습니다.

플류이트선을 묘사한 17세기 그림

동방무역 개척

향신료 무역은 주산지 동남아에서 향신료를 먼 뱃길을 통하여 들여오기만 하면 엄청난 이득을 올리는 사업이었습니다. 아시아에서 자라는 향신료가 유럽인의 식탁에 오르기까지 2년 가까이 소요되었습니다. 몇 달이 걸리는 위험한 항해일지라도 향신료를 들여오기만 하면 100배에 달하는 엄청난 수익을 올릴 수 있었기 때문에 경쟁적으로 향신료 무역에 뛰어들었습니다.

네덜란드는 동방 무역항로를 개척하는 경쟁에서 후발 주자였습니다. 그러나 빠르게 해양 강국으로 부상한 네덜란드는 영국이 먼저 구축한 독점적인 해상무역 체제를 위협했습니다. 네덜란드의 부상에 위협을 느낀 영국은 1651년 '영국의 무역은 영국 배로 해야 한다'는 항해법 Navigation Act 을 제정했습니다.

항해법을 실시하자 영국 연안해운의 상당 부분을 차지하고 있던 네덜란드는 강력하게 반발했습니다. 이것은 결국 영국과 네덜란드 사이에 세 번에 걸친 무역전쟁으로 이어졌습니다. 세 번의 전쟁에서 모두 영국이 승리했습니다. 그러나 네덜란드는 영국과의 무역전쟁 패배에도 불구하고 쇠락의 길을 걷고 있던 포르투갈의 동남아 상관과 점유지를 차지하면서 동방무역의 강자로 부상했습니다.

새로운 항로 개척을 두고 서로 치열하게 경쟁하던 시대에 동방으로 가는 항로 정보를 담은 '항해안내서'는 국가 일급 기밀로 취급되었습니다. 네덜란드는 포르투갈과 스페인이 개척한 항로 정보를 얻고자 했으나 좌초나 나포 위험에 처하면 선장들은 항해안내서를 파기할 정도로 엄격하게 관리되었기 때문에 좀처럼 항해안내서를 구할 수 없었습니다. 네덜란드는 항해안내서를 구하기 위해 포르투갈 리스본으로 첩자까지 보냈으나 성공하지 못했습니다.

네덜란드가 항로를 개척할 수 있었던 것은 1592년 반 린쇼텐이라는 청년 때문이었습니다. 동양에서 9년을 보내고 돌아온 린쇼텐은 포르투갈어를 구사할 줄 알았고 포르투갈의 점유지와 항로, 향신료 무역항에 대한 정보를 훤히 꿰고 있었습니다. 그는 이러한 경험과 정보를 세 권의 책으로 출간하였습니다. 제1권 책이 나오고 나서 최초의 네덜란드 동양 탐사대가 드디어 출항하였습니다.

네덜란드 동인도회사와 서인도회사

네덜란드의 거상들이 조직한 동양무역 선단은 몇 차례의 항해에서 엄청난 수익을 올렸습니다. 이렇게 되자 너나 할 것 없이 동방무역에 달려들었습니다. 그 결과 네덜란드 무역 상단의 치열한 경쟁으로 원산지 향신료 가격이 치솟고 이익률이 감소했습니다.

이런 상황을 타개하기 위해 상단 대표들은 여러 개의 상단을 합병하여 1602년에 대형 주식회사를 탄생시켰습니다. 이것이 바타비아인도네시아 자카르타에 세워진 '네덜란드 동인도회사'였습니다.

네덜란드인들은 동남아에서 아주 공세적으로 무역을 하였습니다. 이런 과정에서 영국 상인을 습격하여 학살한 사건도 있었습니다. 수십 년에 걸쳐 구축한 영국 향신료 무역망은 네덜란드의 공세에 밀려 크게 약화되었습니다. 네덜란드는 짧은 시간에 암스테르담에서 일본에 이르는 무역항로를 장악하고, 동인도회사를 앞세워 동방 향신료 무역을 독점하게 되었습니다.

네덜란드 암스테르담 해양박물관에는 18세기 네덜란드 동인도회사의 화물선 '암스테르담'호가 실제 크기로 재현되어 있다. (사진:Shutterstock)

네덜란드는 동인도회사가 거둔 성공을 바탕으로 서인도회사를 설립하여 대서양 무역을 전담했습니다. 네덜란드는 유럽의 제조업체와 아프리카 노예 조달업체, 아메리카의 대농장을 연결하는 삼각무역Triangular Trade 개념을 처음으로 도입하여 막대한 이익을 올렸습니다. 네덜란드는 수리남, 가이아나와 카리브해의 많은 섬들을 식민지로 만들었습니다. 아메리카 대륙에 진출하여 오늘날 뉴욕 일부, 코네티컷, 델라웨어, 뉴저지주 일부를 차지했습니다.

뉴욕은 네덜란드인들이 개척하여 '뉴 암스테르담'이라 불리다가 나중에 뉴잉글랜드에 통합되었습니다. 금융가인 '월 스트리트Wall Street'는 이곳을 점유했던 네덜란드인들이 인디언들의 공격에 맞서 벽을 쌓고 싸웠던 데서 그 이름이 유래되었습니다.

'유럽을 향한 창' 데지마

일본을 방문하면 꼭 한번 가봐야지 하고 생각하고 있던 곳이 나가사키의 데지마出島였습니다. 문헌이나 영상으로 소개된 데지마를 많이 접하기는 했지만 직접 보지 못해 아쉬움을 가지고 있었던 차에 후쿠오카에 갈 기회가 있어서 두 시간 거리에 있는 데지마를 방문했습니다.

현재의 데지마는 나가사키 앞바다의 인공섬이 오랜 시간이 지나면서 바다가 메워지고 그 위로 도로가 나고 건물이 들어섰던 곳을 복원해 놓은 것입니다. 부채꼴 모양의 데지마는 1641년 네덜란드 상관이 들어서서 1856년 네덜란드와 친선 조약을 맺을 때까지 200여 년간 네덜란드와 무역을 했던 곳입니다.

일본 나가사키의 데지마섬 축소 모형. 데지마는 엄격한 '해금령'을 유지했던 일본이 '유럽을 향해 열어놓은 창'이자 일본 근대화의 산실이었다. (사진:Shutterstock)

　　데지마는 엄격한 '해금령'을 유지했던 일본이 '유럽을 향해 열어놓은 창'이자 일본 근대화의 산실이었습니다. 데지마를 통해 서양의 근대 문물과 과학, 기술, 학문과 문화가 일본으로 들어왔습니다. 일본은 네덜란드인들이 전해주는 정보를 통해 국제정세와 세상의 변화를 알 수 있었습니다.

　　네덜란드인들이 일본의 근대화에 미친 영향은 지대합니다. 외국과의 교역과 교류를 철저히 제한하고 있던 에도막부는 나가사키 앞바다에 인공섬 데지마를 건설했습니다. 에도막부는 유럽 국가들과 무역을 통해 부를 얻고자 했지만, '기리스탄'이 막부 지배 체제와 봉건 질서를 위협하는 것을 극도로 경계했습니다.

유럽인들과 무역이 가져다주는 막대한 이익은 놓치고 싶지 않고, 기독교 전파는 막고 싶었던 에도막부는 고심 끝에 고안해 낸 것이 데지마였습니다. 나가사키 앞바다에 인공섬을 만들어 그곳에서만 무역을 하도록 한 것이었습니다.

처음에는 포르투갈 상인들과 선교사들을 그곳으로 모았습니다. 그러나 기독교 농민 세력이 막부 체제에 항거하는 반란을 일으키자 놀란 에도막부는 이들을 추방하고, 무역에만 관심을 두는 네덜란드인들을 데지마로 이주시키고 무역을 허용했습니다.

1년에 한두 번 들어오는 네덜란드 상선을 통해 서양의 문물과 과학, 기술과 학문이 일본으로 전해졌습니다. 임진왜란 후 중화 질서에서 벗어나고 있었지만, 사변적인 유학을 공부하고 있던 지식인들에게 네덜란드로부터 전해지는 유럽의 실증적 학문과 앞선 과학, 기술은 그야말로 신세계였습니다.

'책을 든 사무라이'와 난학

장기간의 평화 속에서 사무라이들은 '칼' 대신 책을 들고 서양의 과학, 기술과 학문을 배웠습니다. 네덜란드어를 배우려는 열풍이 일었고, 의학서 등 많은 네덜란드 서적이 번역되어 유럽의 근대 학문과 과학, 기술이 소개되었습니다. 이때 네덜란드를 통해 들어온 유럽의 학문, 과학, 기술, 문화를 '난학蘭學, らんかく'이라 불렀습니다.

난학을 받아들인 '지사志士'로 불린 개화기 사무라이들은 서양의 위력을 절감하고 서양 세력을 몰아내자는 '양이론'에서 서양의 앞선 무기, 과학, 기술, 학문을 배워 부국강병을 이루겠다는 사고의 대전환을 했습니다.

이들은 결국 막부 체제를 타도하고, 메이지 유신을 통해 일본의 근대화를 추진했습니다. 데지마를 통해 전해진 유럽의 문물과 과학, 기술, 지식은 일본 근대화를 촉진시킨 근원이자 자양분이었습니다.

유일의 해양 패권국 미국

해적이 이끈 미 해군 창설

미국은 건국 당시 해양으로 진출하기보다는 서부 개척에 더 힘을 쏟고 있었습니다. 선박량도 영국보다 훨씬 적었고, 선박은 대부분 오대호나 미시시피 등의 호수나 강에서 운송과 연안 항해에 종사하고 있었습니다. 외항선의 경우 19세기에 북대서양 항로에서 화물과 이민자 수송에 종사했던 것 외에는 별다르게 주목할 만한 것이 없었습니다.

산업이 발전하면서 급격히 늘어난 공업용, 가정용 기름을 고래에서 생산되는 고래기름으로 충당했습니다. 이런 사정으로 미국 포경선은 한때 전 세계 전체 포경산업의 80퍼센트를 차지할 정도로 번성하고 있었습니다. 거대한 흰 향유고래를 쫓는 선장의 집념과 사투를 그린 허먼 멜빌의 소설 《모비딕 Moby Dick》도 이 시기를 배경으로 하고 있습니다.

미국의 역사에서 미국인들이 잘 모르는 일이 있습니다. 어찌 보면 세계 최강국 미국의 역사에서 감추고 싶은 부분일지도 모릅니다. 1700년대 후반 신생 독립국 미국은 지브롤터해협을 통과하거나 지중해를 항해하는 자국 상선들이 해적들에게 나포되어 노예가 되는 것을 막고, 해상무역을 보호하기 위해 수년간 알제, 트리폴리, 튀니스, 모로코 등 북아프리카의 이슬람 군주들에게 보호료를 바쳤습니다. 지불한 보호료는 당시 미국 정부 세입의 5분의 1에 해당할 만큼 엄청난 금액이었습니다.

건국 초기 원정을 할 수 있는 해군력을 갖추지 못한 미국으로서는 어쩔 수 없는 선택이었습니다. 그러나 여전히 자국 선박들이 해적들에게 나포되었고, 납치된 선원들은 노예로 팔려 나갔습니다.

미국 정부는 1793년 북아프리카의 바르바리 Barbary 해적에 의해 미국 상선 열두 척이 나포되자 문제 해역에 무장한 미군을 주둔시켜 강력하게 대응하기로 했습니다. 급파된 해군함대는 트리폴리에서 이루어진 폭격과 해상작전으로 해적 기지를 괴멸시켰습니다. 이것은 미국인들의 애국심을 자극했고, 다시는 보호료나 세금을 지급하지 않겠다고 다짐하는 계기가 되었습니다.

초대 대통령 조지 워싱턴은 해군을 재창설하고 호위함 여섯 척을 건조하는 법안에 서명했습니다. 이 당시 미국 해군은 1775년 대륙해군 Continental Navy 으로 출발했으나 영국과의 독립전쟁 1775~1783 에서 승리하고 난 뒤 해군함정을 전부 매각하여 한동안 해군이 존재하지 않은 상태로 있었습니다.

재창설된 해군은 이후 해적들과의 전쟁에서 승리를 거둠으로써 해전 경험을 풍부히 쌓았습니다. 이것은 1812년 영국과의 전쟁에서 승리할 수 있는 결정적 요인이 되었습니다.

미 해군 군함 컨스티튜션(USS Constitution). 1797년에 취항한 현존하는 가장 오래된 해군함이다. (사진:Shutterstock)

미국의 해양 패권 시대

1880년 이후 미국은 무역과 제조업 발달로 국가 경쟁력이 커지면서 해외시장으로 눈을 돌렸고, 상선을 보호해야 할 필요성이 대두되었습니다. 이에 따라 새로운 해군 건설 작업이 시작되었습니다.

미국이 본격적으로 세계 바다에 진출하여 해양 패권을 차지하게 된 것은 1898년 스페인과의 전쟁에서 승리하여 필리핀, 쿠바, 푸에르토리코를 손에 넣고 나서입니다.

이후 제1, 2차 세계대전을 거치면서 미 해군은 세계 최강 해군으로 성장했습니다. 제2차 세계대전이 연합국의 승리로 끝났을 때 1945년 8월 미 해군의 전력은 세계 모든 나라의 해군을 다 합친 것보다 더 막강한 수준에 도달해 있었습니다.

이때 미 해군은 105척의 항공모함, 5천여 척의 중대형 군함 및 잠수함, 8만 2천여 척의 각종 소형함정을 보유하는 유일무이한 해군력을 갖추고 있었습니다. 제2차 대전에서 승리한 직후 미국은 대대적인 해군 감축을 진행했습니다.

미국은 자신이 '해양국가'라고 인식하기 시작하면서 급격하게 발전하는 계기를 마련했습니다. 미 해군은 확고한 전략사상에 의해 발전했습니다. 전쟁을 통해 막강한 해군으로 발전하면서 제2차 세계대전 이후 글로벌 해군으로 성장했습니다.

미국이 세계 최고 해양대국으로 성장하는 데 역사가이자 해양전략가인 알프레드 마한Alfred T. Mahan, 1840~1914 제독과 그의 전략을 실천한 시어도어 루스벨트Theodore Roosevelt, 1901~1909 재임 대통령을 빼놓고 이야기할 수 없습니다.

마한은 미국이 오늘날 세계에서 유일하게 전 세계 바다의 해양통제권을 행사할 수 있는 강력한 해양력을 갖출 수 있도록 전략적 토대를 제공했습니다. 루스벨트 대통령은 미국의 대외 팽창주의를 추구하며, 이를 뒷받침하기 위해 해군력을 획기적으로 발전시켰습니다.

오늘날 미 해군은 전 세계 어디에서나 세계 최강국 미국의 힘을 투사하는 역할을 수행하고 있습니다. 미국을 유일 초강대국 혹은 패권국이라고 하는 이유는 지구상에서 미국만이 대양 건너편에 있는 대륙의 적대국에 수십만 단위의 군사력을 상륙시켜 전쟁을 수행할 수 있는 능력을 가진 유일한 나라이기 때문입니다.

미국의 군사력 투사 능력은 전 세계에 배치된 최고 수준의 핵 항공모함으로 구성된 기동부대에 바탕을 두고 있습니다. 이러한 힘을 바탕으로 세계의 바다와 해상교통로를 거의 완벽한 미국의 통제하에 두고 있습니다.

미국의 '몽둥이'

해양 패권국 미국이 있게 한 초석을 다진 대통령을 꼽으라면 단연코 시어도어 루스벨트일 것입니다. 국방부 해군 담당 차관보를 지낸 그가 나중에 대통령이 되어 해군력 강화를 실행에 옮긴 것은 마한과의 인연에서 비롯되었습니다.

마한이 그의 저서 《해양력이 역사에 미친 영향 The Influence of Sea Power upon History: 1660-1783》을 출간했을 때 루스벨트는 한 월간지에 이 책을 극찬하는 서평을 기고했습니다. 이것이 인연이 되어 루스벨트는 마한이 근무하고 있던 해군대학에서 미국과 영국 사이에 벌어졌던 '1812년 전쟁 War of 1812'을 강의하면서 친밀한 관계를 유지했습니다.

1898년 미국은 구식 함대로 무장한 스페인을 월등한 전력으로 패퇴시키고 아메리카 대륙과 태평양에 남아있던 스페인령에 대한 통제권을 확보했습니다. 미서전쟁은 해군력의 중요성을 강조한 마한의 이론이 입증되는 계기가 되었습니다. 또한 미국 정부가 강력한 해군 건설 계획 수립에 나서도록 했습니다. 이에 힘입어 1890년 연방정부 지출예산의 6.9퍼센트를 차지했던 해군 예산은 1914년에는 19퍼센트로 급증했습니다.

미서전쟁 중 대서양 선단과 태평양 선단의 통합 필요성을 절감하면서 대서양과 태평양을 잇는 운하 건설이 미국 안보에 필수적이라는 인식이 부각되었습니다.

매킨리 대통령이 취임 1년 만에 암살되자 부통령이던 루스벨트는 43세의 나이에 대통령직을 승계했습니다. 대통령에 취임하고 대서양과 태평양을 잇는 운하 건설을 최우선 정책으로 내세웠습니다. 파나마운하 건설은 세 명의 대통령 임기 동안 진행되었지만, 루스벨트는 계획에서부터 실행까지 가장 중요한 역할을 한 대통령이었다고 평가됩니다.

파나마운하의 개통으로 두 개의 해양 프런티어 자원들을 결합할 수 있게 됨으로써 미국 역사에서 중요한 전환점이 되었습니다. 운하 개통 이후 미국의 수출과 해외투자는 급증했고, 해외시장과 원자재는 역동적인 미국 산업경제의 생산 고리에 편입되었습니다. 1929년에 미국은 세계 총 산업생산량의 거의 절반을 차지하는 국가가 되었습니다.

파나마운하 개통으로 미국은 내륙 팽창에서 본격적으로 국력이 밖으로 뻗어 나갔고, 미 해군은 유럽과 아시아에서 발생하는 문제를 중재할 수 있게 되었습니다. 루스벨트는 '대백색함대The Great White Fleet'를 창설하여 전 세계를 일주하면서 미국 해군력을 과시했습니다.

루스벨트는 강력한 해군력이 새롭고 단호한 외교를 확립하고 해상 우위를 확보하는 데 필요한 '몽둥이'가 될 수 있다고 믿었습니다. 해군력 강화를 기획하고 실행에 옮겼던 루스벨트의 꿈이 실현된 것입니다.

　그는 대통령이 된 후 행한 한 연설에서 "말은 부드럽게, 그러나 큰 몽둥이는 하나 가지고 다니세요. 나는 그렇게 할 것입니다"라고 했습니다. 그가 말한 몽둥이는 강력한 해군력이었습니다. 오늘날 압도적인 미국의 해군력은 미국의 힘을 투사하는 '몽둥이'가 되고 있습니다.

4.
대항해시대의 검은 유산

콜럼버스의 검은 유산

콜럼버스는 1492년 첫 번째 항해에서 신대륙을 발견한 이후 세 차례 더 항해했습니다. 콜럼버스는 죽을 때까지 신대륙을 발견했다는 사실을 인식하지 못하고 자신이 발견한 곳을 인도라 믿었습니다. 카나리아제도에서 일본까지 거리가 2,400리그약 13,900km에 불과하다고 믿는 등 당시의 부정확한 지리적 정보로 아시아까지 거리를 과감히 축소했기 때문입니다.

이후 스페인은 아메리카 대륙을 정복하고 전 세계에 걸쳐 '해가 지지 않는' 대해양제국을 건설하였습니다. 이사벨 여왕과 콜럼버스의 역사적 만남은 이후 서양이 근세사를 주도하게 되는 계기가 되었지만, 다른 한편 신대륙에는 정복의 검은 그림자가 짙게 드리워졌습니다.

누구보다 독실한 가톨릭 신자인 이사벨 여왕은 유럽에서 종교재판소를 처음으로 설치하고 무자비한 고문과 참혹한 형벌로 타문화와 이교도를 탄압했습니다. 타문화와 이교도에 대한 잔혹한 탄압은 스페인이 정복한 신대륙에도 그대로 이어졌습니다. 이러한 요인으로 다른 유럽 국가에서 중세의 암흑에서 벗어나 르네상스의 꽃이 활짝 필 때에도 스페인은 폐쇄적인 국가로 남아있었고, 쇠락의 길로 접어들었습니다.

원주민의 문화를 억누르고 타 종교를 죄악시했던 이사벨의 스페인은 정복지 신대륙에서 기독교 전파를 명분으로 원주민 사회를 무자비하게 탄압하고 약탈과 살육을 자행했습니다.

결국 스페인이 지배했던 중남미는 타문화·종교에 배타적인 폐쇄적 사회로 변모했습니다. 오늘날 중남미가 북미보다 뒤지고 중남미가 여전히 식민지 시대의 여러 모순으로 고통받는 역사적 기원을 이사벨 여왕과 콜럼버스의 만남에서 찾을 수 있습니다.

콜럼버스 데이

미국에서 10월 두 번째 화요일은 콜럼버스 데이Columbus Day로 국경일에 해당하는 공휴일입니다. 1492년 10월 12일 콜럼버스가 신대륙을 발견한 날을 기념하여 이날 미국 전역에서 각종 기념행사와 축제가 성대하게 열립니다.

해양경찰에서 퇴직하고 미국 동부 로드아일랜드주 뉴포트New

Port에 위치한 미국 해군대학에서 몇 달간 연수를 한 적이 있습니다. 뉴포트는 케네디 대통령이 재클린과 결혼식을 올린 성당이 있고, 아름다운 해변을 따라 그림 같은 부자들의 별장이 줄지어 있는 곳으로 유명합니다.

그때 연구실 밖으로 펼쳐진 바다가 '대서양'이라는 것이 생경하기도 하고, 그 바다의 역사성에 비장감이 들었던 기억이 있습니다. 태평양 중심의 사고에 익숙하다 지구 반대편의 대서양에 대한 낯선 느낌일 수도 있지만, 대서양을 사이에 두고 양안에서 벌어졌던 비극적 역사를 떠올렸기 때문일 것입니다.

뉴포트는 케네디 대통령이 결혼식을 올린 성당이 있고, 해변을 따라 그림 같은 별장이 줄지어 있는 곳으로 유명하다. (사진:Shutterstock)

영국에서 대서양을 처음 건너온 사람들은 버지니아의 제임스타운Jamestown에 거주지를 세워 정착했습니다. 이들이 유럽에서 신대륙으로 이주해 온 최초의 유럽인들이었습니다. 그러나 이들은 부랑아, 범죄자, 빈민들이었기 때문에 미국 건국사에서 별다른 평가를 받지 못했습니다.

이들보다 10여 년 뒤에 건너온 '필그림 파더스Pilgrim Fathers'라 불리는 청교도Puritans들에 의해 본격적인 미국의 역사가 시작된 것으로 평가받습니다. 영국 국교인 성공회와 마찰을 빚던 청교도들은 종교의 자유를 찾아 네덜란드로 이주했다가 이들 중 일부가 다시 미국으로 이주했습니다. 청교도 102명은 1620년 9월 메이플라워Mayflower호를 타고 66일간의 대서양 항해 끝에 매사추세츠 플리머스Plymouth에 도착했습니다.

유학 시절이나 연수를 위해 미국에 머무르는 동안 이 나라가 참 자연적으로 복 받은 곳이고 풍요로운 곳이라는 생각이 들 때가 많았습니다. 고속도로를 달리면서 차창 밖으로 끝 모르게 펼쳐진 광활한 대지와 기름진 땅을 볼 때마다 그런 생각이 들었습니다. 무엇보다 광대한 국토의 양쪽에는 대서양과 태평양을 두고 있다는 것은 오늘날의 미국으로 이끈 천혜의 지리적 이점이라 할 수 있습니다.

콜럼버스 항해 이후 총과 말을 앞세운 정복자 스페인 군대 앞에 잉카와 아즈텍 제국은 허망하게 무너지고 아메리카 대륙은 스페인의 지배하에 들어갔습니다. 스페인 정복 이후 원주민의 문화, 전통, 언어, 공동체는 말살되고 아메리카 대륙은 전혀 다른 대륙으로 변해 갔습니다.

무엇보다 유럽 정복자와 함께 구세계에서 유입된 천연두, 홍역, 콜레라, 인플루엔자, 디프테리아와 같은 온갖 전염병 앞에 면역력이 없던 신세계의 원주민들은 속절없이 죽어갔습니다.

이들 병원균의 숙주는 유럽인들이 데리고 들어온 말, 돼지, 양, 낙타 등의 가축이었습니다. 1520년경 스페인이 정복할 당시 2천만에 달하던 아즈텍 인구가 100년 사이 전멸에 가까운 160만으로 떨어졌습니다. 이를 두고 어떤 학자는 '인류 역사상 최대의 인종 학살'이라 부릅니다.

콜럼버스의 신대륙 발견은 미국인들에게 오늘날 미국을 있게 한 '위대한' 발견이었습니다. 그러나 신대륙의 원주민들은 고통과 질곡의 역사가 시작된 날이라고 인식하고 있습니다. 1992년 콜럼버스의 신대륙 발견 500주년을 맞아 기념 행사장 한쪽에 걸린 '500년간의 수치'라는 포스터가 이러한 것을 상징적으로 보여줍니다.

••• 블랙 레전드

유럽인들이 새로운 무역항로를 개척하고 대양으로 진출한 주된 목적은 향신료 무역이었지만, '지팡구_{일본}'를 '동방에 있는 황금의 섬나라'로 알고 있었듯이 황금을 얻겠다는 것도 주요한 동기였습니다.

아메리카 대륙에 도착한 직후부터 유럽인들은 금은을 얻기 위해 원주민을 가혹하게 수탈했습니다. 원주민들이 천년 동안 생산하여 축적한 금은이 불과 2~3년 동안 정복자들에 의해 유출되었을 정도였습니다.

정복자들은 원주민들이 보유한 금을 다 약탈한 다음 사금 생산을 강요했습니다. 여성들이 사금 채취로 내몰리면서 농업생산이 마비되고 출산이 급감하면서 인구가 급격히 줄었습니다.

금을 다 소진하고 나서 유럽인들은 아메리카 대륙의 은에 눈을 돌렸습니다. 멕시코와 볼리비아에서 거대한 은광이 발견되고 엄청난 양의 은이 채굴되었습니다. 금은을 채굴하기 위해 원주민들은 가혹한 노동과 강제 부역으로 내몰렸습니다. 부역에 동원된 인디오들은 컴컴한 지하갱도에서 기어 다니며 6~7일을 일한 후에야 갱도 밖으로 나올 수 있었습니다. 지하 깊은 곳에서 채굴한 광석을 지고 250미터 높이의 사다리를 타고 올라가야 했습니다.

이런 방식으로 12시간 동안 50킬로그램 무게의 상자 25개를 지상으로 운반해야 하는 가혹한 중노동에 시달렸습니다. 가혹한 노동력 착취와 함께 은을 뽑아내는 과정에서 나오는 수은에 중독되어 수많은 인디오들이 죽었습니다. 이러한 사정 때문에 인디오들은 아들이 은 광산에 부역을 가게 되면 미리 장례식을 치르기도 했습니다.

카리브해 섬들에 상륙한 '콩키스타도르Conquistador, 정복자' 스페인인들은 처음부터 극도의 파괴성을 보이며 점령한 지역 곳곳에서 무자비한 약탈과 살육을 자행했습니다. 원주민 전도 사업을 위해 파견되었던 수도사가 남긴 기록에 콩키스타도르의 참혹한 고문과 살육이 생생하게 묘사되어 있습니다.

"한칼에 사람을 벨 수 있는지, 머리를 단번에 잘라낼 수 있는지, 칼이나 창을 한번 휘둘러 내장을 쏟아낼 수 있는지에 내기를 걸기도 했습니다. 구세주 예수와 열두 제자를 기념한다고 하면서 열세 명을 매단 다음 쌓아둔 장작에 불을 붙여 산 채로 태웠습니다."

콩키스타도르가 이렇게 살해한 원주민의 수는 1500만에 가깝다고 기록하고 있습니다. 스페인 정복자들이 원주민들에 자행한 잔혹행위를 '블랙 레전드Black Legend'라고 합니다.

스페인 정복자들은 요새화된 마을을 건설하고 콩키스타도르에게 주변의 땅을 분배해 주었습니다. 땅을 받은 콩키스타도르는 인디오들을 노예화해 강제노역을 시켰습니다. 이러한 강제노역 체제는 질병과 학대, 높은 자살률을 초래했고, 출산율의 급격한 감소를 가져왔습니다.

이것은 결국 원주민 사회를 붕괴시켰습니다. 참혹한 수탈과 학살을 자행했던 스페인 정복자들은 그 대가로 1503~1510년 사이 19톤의 금을 본국 스페인으로 가져갔습니다.

대서양 노예무역

오늘날 영어권에서 가장 널리 불리는 찬송가로 꼽히는 '어메이징 그레이스Amazing Grace'가 있습니다. 18세기 영국의 한 노예무역상이 자신의 죄를 뉘우치고 신의 은총을 노래한 것입니다.

아메리카 대륙은 어느 곳보다 인종 구성이 복잡한 곳입니다. 원주민인 인디오를 비롯하여 신대륙을 정복한 유럽인, 이들 유럽인과 원주민 사이에 태어난 혼혈 인종 '메스티소Mestizo', 그리고 아프리카 노예 출신 흑인들이 다양한 인종적 모자이크를 구성하고 있습니다.

이베리아반도의 포르투갈이 아프리카 대륙을 돌아 인도로 가는 항로를 개척하면서 제일 먼저 손을 댄 것이 노예무역이었습니다. 엔히크 왕자는 포르투갈 남부 사그레스성에 항해연구소를 차리고 끊임없이 원정대를 보내며 인도로 가는 항로를 개척했습니다. 막대한 비용을 쓰는 원정대 탐험에 대한 비난이 일자 성과로서 아프리카 서해안 지역에서 사금과 흑인 노예를 들여왔습니다. 이때부터 인류 역사상 최대 비극의 하나라 할 수 있는 대서양 노예무역의 역사가 시작되었습니다.

흑인 노예 하면 미국 노예제도를 떠올리기 쉽지만, 대항해시대 노예무역의 중심지는 카리브해 서인도제도와 신대륙이었습니다. 물론 노예무역은 대항해시대와 신대륙에만 있었던 독특한 현상은 아니었습니다. 노예무역은 로마 시대를 비롯해 19세기에 노예무역이 폐지되기까지 인류 역사상 거의 모든 시기에 존재했습니다. 그러나 그 규모를 놓고 보면 모두가 아프리카 대륙에서 신대륙으로 노예가 팔려 나갔던 대서양 노예무역에는 비할 바가 못 됩니다.

대서양 노예무역이 본격적으로 시작된 것은 유럽인들이 신대륙의 자원을 무자비하게 수탈하면서부터였습니다. 스페인 정복자들은 금을 수탈한 후 은광 개발에 눈을 돌렸습니다. 볼리비아 포토시Potosi에서 대규모 은광이 발견되고 수은을 사용하여 은을 추출하는 기술이 개발되면서 많은 노동력이 필요했습니다. 전염병으로 인디오 사회가 붕괴되어 원주민 노동력을 착취하는 것이 더 이상 어렵게 되자 정복자들은 아프리카 흑인 노예 수입에 눈을 돌렸습니다.

노새를 사용하여 원석을 분쇄하였으나 고된 노동으로 얼마 가지 않아 죽어 나가자 그 일을 20여 명의 흑인 노예가 대신하였습니다. 한마디로 '인간 노새'였습니다. 은을 추출하면서 수많은 인디오들과 흑인 노예들이 수은 중독으로 죽어 나갔습니다.

노예무역 국가 영국

해적질로 출발한 대영제국은 노예무역으로 막대한 부를 축적했습니다. 카리브해 제도에 정착한 유럽 정복자들은 플랜테이션 Plantation 이라는 대규모 농장을 경영했습니다. 농장에 필요한 노동력을 처음에는 유럽에서 데려와 썼지만 대부분 부랑자들인 이들이 일은 제대로 하지 않고 문제만 일으키자 아프리카 흑인 노예로 대체했습니다.

포르투갈이 동방무역 경쟁에서 밀리면서 처음으로 향신료 무역보다 못한 사업으로 취급되던 노예무역에 손을 대었습니다. '아시엔토Asiento'라는 노예 수입 독점권을 부여받고 신대륙으로 흑인 노예를 수입했습니다. 포르투갈이 노예무역으로 막대한 이윤을 얻는 것을 보고 영국도 노예무역에 뛰어들었습니다.

영국은 가장 큰 노예무역 국가이면서 수혜국이었습니다. 아프리카 노예를 신대륙의 농장에 팔고 거기서 생산된 설탕이나 담배·럼주·커피 등을 유럽에 들여와 파는 '삼각무역 Triangular Trade'을 영국이 주도했습니다.

맨체스터 등 공업지대에서 생산된 천연색 모직, 구슬이나 칼, 가위, 도끼 등의 철제품 등 아프리카인들이 좋아하는 제품을 가지고 가서 노예상들과 물물교환으로 노예를 사 왔습니다.

공업지대 인근에 위치한 리버풀, 브리스틀, 런던은 노예무역항으로 번성하던 곳입니다. 막대한 양의 총기류와 탄약이 노예 수입 대가로 지불되면서 이후 아프리카에 전쟁이 빈번하게 일어나는 원인이 되었습니다.

'흑색 다이아몬드'로 불리는 노예무역은 엄청난 이윤을 남기는 '황금 사업'이었습니다. 노예무역선 세 척 중 한 척만 무사히 대서양을 건너서 귀환하면 막대한 이윤이 남았습니다.

노예 수요가 지속적으로 증가하면서 해안 지역에서 노예를 수집하는 것이 한계에 달하자 노예 사냥꾼들은 내륙으로 진출하여 동물을 사냥하듯 흑인들을 포획하기 시작하였습니다. 이렇게 300여 년간 아프리카 대륙에서 유출된 노예가 1천만 명 이상이었습니다.

"말을 던진 것과 같다"

내륙에서 포획된 노예들은 수백 킬로미터를 걸어서 해안가의 수용소에 옮겨졌습니다. 먼 거리를 걸어오면서 영양실조, 질병 등으로 이동하는 동안 잡힌 노예 중 40퍼센트의 노예들이 죽어 나갔습니다.

이들은 어떻게 노예로 잡혔을까요. 노예 사냥꾼에 의하여 포획도 되었지만, 대부분은 부족장들이 백인 노예상들로부터 생필품과 총과 술을 받고 자신들의 이웃 부족민을 사냥해 백인들에게 넘긴 것이었습니다.

노예들은 노예무역선을 타기 전까지 짐승 우리 같은 수용소에서 벌거벗고 웅크린 채 배설물 속에서 몇 주를 기다려야 했습니다. 수용소를 거치면서 극도로 쇠약해진 노예들에게 노예무역선을 타고 한 달에서 길게는 6개월이 걸리는 항해는 생지옥과 같은 것이었습니다.

서부 아프리카 기니만 연안에 있는 케이프코스트성 Cape Coast Castle 은 1644년부터 영국의 지배를 받으면서 18세기에 노예선이 아프리카에서 대서양으로 횡단할 때 노예를 싣기 전 수용소가 있던 곳이었습니다. 지금은 노예무역의 참혹한 실상을 보여주는 관광명소가 되어 있지만, 노예무역이 성행할 때에는 많게는 1,500여 명의 아프리카 노예들이 노예선이 오기까지 수용되어 있던 곳입니다.

이 성의 지하감옥에는 수백 년 전 수감되어 있던 이들이 손톱으로 긁어서 남긴 낙서가 아직도 선명히 남아있습니다. 이 낙서를 보고 한 작가는 "비명 소리가 … 그들이 벽에 남긴 긁은 자국으로부터 몇 세기에 걸쳐 울려 퍼진다"라고 썼습니다.

가나의 케이프코스트성 전경 (사진: Shutterstock)

2009년 미국 최초의 흑인 대통령 오바마가 가족과 함께 이곳을 방문했습니다. 부인 미셸 오바마의 고조부는 아프리카에서 팔려 온 노예였습니다. 오바마 대통령은 이곳을 둘러보고 지하감옥 위에 있는 교회를 보고 충격을 받았다고 합니다.

노예선이 도착하면 노예들은 지하감옥에서 지하 통로를 통해 해안으로 나가 작은 쪽배를 타고 노예선으로 이동했습니다. 바다로 나가기 전에 통과한 문은 다시 돌아올 수 없다는 의미에서 '돌아오지 않는 문 Door of No Return'이라는 이름으로 불리고 있습니다.

노예상들은 이윤을 한 푼이라도 더 벌기 위해 최대한 많은 수의 노예를 노예선에 실었습니다. 비좁은 공간에 수백 명의 노예들이 족쇄를 차고 포개져 누운 채 꼼짝할 수 없었고 사슬에 묶인 채로 용변을 해결해야 했습니다.

이런 비위생적인 환경 때문에 긴 항해 중 수많은 노예가 죽어 나갔습니다. 노예는 사람이 아닌 화물로 취급되었습니다. 실제 자메이카로 향하던 '종Zong'호라는 노예선에서 영양실조와 질병으로 노예들이 죽어 나가자 사흘에 걸쳐 병든 노예 133명을 바다에 던져 넣었습니다. 병사나 자연사한 노예는 보험금이 지불되지 않지만, 화물이 손실되는 경우 선주와 보험사가 공동으로 책임을 부담한다는 점을 노렸습니다.

보험금 지급을 둘러싼 재판에서 재판장은 "노예를 바다에 던진 것은 바다에 말을 던진 것과 같다"고 하여 살인이 아니라고 판결했습니다. 그리고 "노예의 투척은 선원들의 고의적인 화물 파손이므로 보험사는 보험금을 지급할 의무가 없다"라고 판결하였습니다.

노예무역 폐지

'종'호 사건은 후에 노예 철폐론자들이 노예무역의 비인륜성을 고발하는 중요한 사례가 되었습니다. 1807년 영국과 미국은 노예 폐지론과 함께 노예무역이 더 이상 큰 수익을 주는 사업이 되지 못하자 노예무역을 불법화시켰습니다.

영국은 1834년에는 노예제를 완전히 폐지했습니다. 이후 영국은 노예무역 감시 함대까지 창설하여 노예무역을 단속했습니다. 아이러니하게 노예무역으로 제일 번성했던 영국이 노예 폐지 운동에 제일 앞장선 것입니다.

노예무역은 오래전 막을 내렸지만 어두운 그림자는 아직까지 이어지고 있습니다. 노예무역은 대항해시대가 인류 역사에 남긴 끔찍한 죄악이자 찬란한 대서양 시대의 검은 유산입니다.

　오늘날 미국을 위시한 아메리카 대륙의 번영 그리고 대영제국의 영광은 한편으로 노예무역의 슬픈 역사와 검은 노예들의 눈물과 고통 위에서 이루어진 것입니다.

Part 2
해양 강국

5.
해양 강국의 꿈

・・・
해양 시대

21세기를 '해양 시대'라고 합니다. 해양 시대는 '국가 해양력Sea Power이 국가 경쟁력의 중요한 요소이며, 새로운 성장동력으로서 국부를 창출하는 핵심 요소가 되는 시대'로 설명할 수 있습니다. 이 말은 '바다가 왜 우리의 미래인가?'라는 질문에 대한 답을 함으로써 그 의미가 보다 명확해질 수 있으리라 생각합니다.

흔히 "바다를 지배하는 자가 세계를 지배한다"라고 합니다. 바다의 중요성을 강조할 때 빠지지 않고 등장하는 격언입니다. 이 격언의 역사적 배경은 16~17세기 해양 팽창 시대에 유럽 세력들이 전 세계 해양으로 진출하여 식민지를 건설하고, 해상무역을 장악하여 세계사를 주도한 세계사적 현상이었습니다.

그러나 바다가 미래의 새로운 성장동력으로 등장하고, 자원·환경·안보·레저 등 바다의 전략적 가치가 중시되는 오늘날 바다의 의미가 새롭게 인식되고 있습니다.

바다는 점점 고갈되고 있는 육지 에너지·자원과 악화되는 환경·식량 문제를 해결할 수 있는 최후의 보루로 여겨지고 있습니다. 육상자원 대부분은 향후 100년 전후로 고갈될 것으로 예측되고 있지만, 해저에는 전 세계가 200~10,000년 동안 사용할 수 있는 구리·망간·니켈 등 온갖 중요 광물자원이 매장되어 있습니다. 해저 광물자원의 가치는 심해저 자원 발굴 기술이 고도화되고 경제성 문제가 해결되면 현재와 비교할 수 없을 정도로 커질 것입니다.

해양산업은 앨빈 토플러Alvin Toffler가 그의 저서《제3의 물결》에서 정보통신, 우주개발, 생명공학과 함께 미래 핵심 산업으로 꼽았습니다. 토플러는 산업화로 인한 환경파괴 및 오염 문제를 해결하기 위한 친환경적인 에너지 개발과 유한한 자원 문제 해결을 해양에서 찾을 수 있다고 보고 있습니다.

해양산업은 신규 분야가 많고 신기술이 적용 가능한 '트렌드 세터Trend Setter' 산업으로서 성장 잠재력이 어느 분야보다 큰 차세대 성장동력으로 자리매김하고 있습니다. 선진국들은 해조류를 이용한 신약 개발 등 해양바이오산업, 해양바이오매스를 이용한 대체에너지 개발, 이산화탄소 해중 저장, 극지 해양 이용 기술, 혹한에 견딜 수 있는 내빙 선박 개발 등 해양산업을 차세대 성장동력으로 활발히 육성하고 있습니다.

해상교통로는 무역의 고속도로입니다. 세계 무역의 90퍼센트 이상, 우리나라 수출입 물동량의 99.8퍼센트가 해상으로 수송될 정도로 해상교통로는 우리나라와 세계 경제의 생명선이 되고 있습니다. 격화되고 있는 해양 분쟁 속에서 해상교통로의 안전과 해양 안보는 우리의 생존과 직결되는 문제입니다.

해양 시대에 바다가 지닌 무한한 가치와 기회를 인식하고 해양 산업을 주도하는 나라가 새로운 해양 팽창 시대의 주역이 될 것입니다. 그것은 바다가 미래의 국가 경쟁력을 결정짓는 핵심 요소이자 부의 원천이기 때문입니다.

중국의 해양 강국 꿈

정화의 대원정

"국가가 부강하기 위해서는 바다를 멀리해서는 안 된다. 부는 바다에서 오고 위험도 바다에서 온다."

1405~1433년에 걸쳐 일곱 번의 해양 대원정을 이끌었던 정화 제독의 말입니다. 정화 제독의 이러한 해양 인식은 오늘날 중국 지도부의 신념과 '해양굴기 海洋倔起'로 대변되는 해양 강국 정책으로 되살아나고 있습니다.

유럽이 해양을 지배하기 전 중국은 세계 최고의 해양 강국이었습니다. 그 한 예가 정화 제독이 동남아를 거쳐 멀리 아프리카 케냐까지 진출한 해양 대원정일 것입니다. 일부에서는 정화원정대가 콜럼버스에 앞서 아메리카 대륙을 발견했다고 주장하기도 합니다.

정화원정대는 길이 138미터, 폭 60미터의 보선寶船과 60여 척의 대형 선박, 200여 척의 지원 선박으로 이루어진 거대한 규모의 선단이었습니다. 최고의 조선 기술로 건조된 선박과 최첨단 항해 설비와 기술을 갖춘 세계사에서 그 유례를 찾을 수 없는 그야말로 '꿈의 선단'이었습니다.

정화원정대는 1488년 포르투갈의 바스코 다 가마가 인도항로를 개척할 때 이끌었던 선단과 비교해 보면 그 위용을 실감할 수 있습니다. 세 척으로 이루어진 다 가마의 원정대는 가장 큰 배가 120톤이었고, 길이는 27미터였습니다. 나머지 두 척은 100톤과 50톤 규모에 불과한 선박이었습니다.

유럽인들이 테니스 코트 크기의 배로 대양 항해에 나섰을 때, 이보다 훨씬 이전에 정화원정대는 축구장 크기의 선박을 이끌고 대양 항해를 했던 것입니다.

천문학적 비용과 인원을 들여 원정한 목적에 대해 여러 가지 설이 있으나, 신생 제국 명明 황제의 위엄을 널리 알리고 주변국을 조공 질서에 편입시키고자 했다는 것이 가장 유력합니다.

정화의 대원정 이후 명 조정은 찬란했던 해양문명을 뒤로 하고 해양 진출과 해상무역을 금지하는 강력한 해금령海禁令을 시행했습니다. 해금 정책의 배경으로 북쪽 오랑캐의 침입, 왜구의 발호 등의 이유도 있었지만, 화이질서와 중국이 천하 중심이라는 세계관과 사농공상의 신분 질서가 그 근본 배경이라 할 수 있습니다. 농업 중심의 사회체제에서 바닷일은 천업賤業이자 말업末業이었습니다.

보수적인 유교 관료들이 주도하는 반해양정책 분위기 속에 정화

원정대의 보선은 해체되어 건축자재로 쓰이거나 땔감으로 쓰이고, 원정에 참가했던 유능한 선원들은 건축 노동자나 변방의 병사로 보내졌습니다. 그리고 고대 중국의 찬란한 해양문명도 막을 내립니다. 역사의 아이러니는 후에 정화원정대가 개척한 항로를 따라 동방으로 온 유럽 세력 앞에 중국이 굴복하여 치욕의 한 세기를 보내게 되었다는 것입니다.

치욕의 한 세기

유럽 해양국들이 전 세계 바다를 누비며 신대륙에 식민지를 개척하고 다른 대륙과 무역을 할 때 바다에 강력한 빗장을 친 중국은 철저히 내륙국가가 되었습니다. 그 결과 중국은 세계사의 흐름에 뒤처지며 유럽에 점차 주도권을 내어주고 변방으로 전락했습니다.

1700년대 중반까지만 해도 세계 부의 절반 이상이 중국과 인도를 중심으로 한 아시아에 있었으나, 아시아가 바다에 갇힌 사이 부의 흐름은 완전히 유럽에 역전되었습니다.

중국이 바다를 멀리한 결과는 외세의 혹독한 침탈과 식민의 역사였습니다. 청조 말기 종이호랑이로 전락한 중국은 유럽 해양 세력들에게 철저히 유린당했습니다. 1840년부터 1949년 사이 100여 년간 중국은 동서양 열강들에게 479차례 외침을 당했습니다.

이 기간 1,860여 척의 배에 타고 온 47만여 명의 외국 군대에 의해 중국 전역의 거의 모든 항구, 항만, 도서가 유린당했습니다. 특히 1860년 제2차 아편전쟁 당시 영·불 연합군이 베이징까지 진격해 황제와 서태후가 피난을 가고 황제의 여름 궁전 '원명원圓明園'이 약탈을 당하는 치욕을 겪었습니다.

이후 서양을 모방해 부국강병을 이루고자 했던 양무운동 세력에 의해 1881년 북양함대를 건설하고 해군력 증강을 꾀했습니다. 그러나 훈련은 허술했고 각기 다른 국가에서 들여온 값비싼 장비는 규격이 맞지 않아 무용지물이 되기 일쑤였습니다. 군비는 서태후의 거처 '이화원'을 수리하는 데 유용되기도 했습니다. 내부로부터 무너진 청 해군은 1894년 조선의 아산 앞바다에서 벌어진 일본과의 해전에서 힘 한번 제대로 써보지 못하고 반나절 만에 무너져 버렸습니다.

"바다를 등지면 망하고 바다를 향하면 흥한다"

마오쩌둥毛澤東은 국공내전을 치르면서 1945~1948년 사이 칭다오青島에 주둔해 있던 미국 항공모함으로 인해 큰 어려움을 겪었습니다. 마오쩌둥은 내전에서 승리한 후 1950년 중국 해군을 창설하면서 "과거 제국주의 세력의 침략은 모두 바다에서 시작되었다"라고 강조하며 강력한 해군력 건설을 주창하였습니다.

오늘날 중국 지도부도 마오쩌둥의 인식과 맥락을 같이하고 있습니다. 수년 전 발간된 중국 국방백서에서도 이러한 인식이 반영되어 있습니다. '중륙경해重陸經海', 즉 '육지를 중시하고 바다를 경시하는' 전통적인 사고에서 벗어나 해양 군사력을 강화하겠다는 의지가 강하게 나타나 있습니다.

해양 강국의 목표를 뒷받침하기 위해서는 강력한 원양 해군력이 필요하다는 인식입니다. 무기와 장비가 원거리화하여 전장 범위가 넓어졌기 때문에 근해 방어만으로 국가 해상 안전을 지키기 어렵고, 해상 안전 문제가 복잡해졌기 때문에 상응한 원양해군이 필요하다는 이유입니다.

최근 남중국해에서 보듯이 중국이 해양에서 '핵심 이익'을 강조하며 공세적으로 나오는 것은 과거 역사의 교훈과 40여 년간 해군력을 증강해 온 결과라 할 수 있습니다. 오늘날 중국은 해군력뿐만 아니라 해양산업 진흥 등 해양굴기 정책을 시행하고 있습니다. '바다를 등지면 망하고 바다를 향하면 흥한다'는 것이 오늘날 중국 지도부의 확고한 신념입니다.

해양 패권국 미국

알프레드 마한과 해양력

미국이 세계 최고의 해양 강국으로 성장하는 데 빼놓을 수 없는 한 사람이 있습니다. 미국뿐만 아니라 오늘날 전 세계 해양 강국들의 해군력 발전에 지대한 영향을 미친 사람이기도 합니다.

역사가이자 해양전략가인 알프레드 마한Alfred T. Mahan, 1840~1914 제독입니다. 미국은 오늘날 세계에서 유일하게 전 세계 바다의 해양 통제권을 행사할 수 있는 유일한 국가입니다. 마한 제독은 미국이 해양 패권국이 될 수 있는 전략적 토대를 제공한 인물입니다.

마한은 저서《해양력이 역사에 미친 영향The Influence of Sea Power Upon History: 1660-1783》에서 미국의 해양력 증강 필요성을 역설하였습니다. 마한 제독은 당시 통용되던 '해군력Naval Power' 대신 '해양력Sea Power' 개념을 처음으로 사용한 사람입니다.

마한은 육군사관학교를 다니다 해양에 매료되어 해군사관학교에 다시 입학한 이력을 가지고 있습니다. 해군사관학교를 졸업하고 장교로서 여러 함정에서 수년간 근무하다 1885년 해군대학Naval War College이 설립되면서 교수로 부임했습니다. 해군대학을 설립한 루스Luce 제독이 그를 해군대학으로 불러들였습니다.

마한은 해군대학에서 함대 전투의 전술과 해양력의 역사적 역할에 대한 강의를 하였습니다. 그는 해군대학에서 두 번의 총장과 교수로 근무하면서 강의한 자료를 묶어 1890년 한 권의 책으로 출간하였습니다.

저서에서 마한은 17~18세기 영국이 경험한 세계사적 해전을 분석했습니다. '전 세계에 해가 지지 않는 대영제국'을 건설할 수 있었던 힘은 해외식민지, 상선대, 상선대를 보호할 수 있는 해군력과 본국과 식민지를 연결하는 주요 해상교통로에 대한 통제력으로 결론 지었습니다.

마한은 바다의 가장 중요한 의미를 대륙을 연결하는 '대교통로Great Highway'이면서 '해상무역로'에 두었습니다. 그리고 국력에 결정적 영향을 미치는 해양력을 결정짓는 요소로서 몇 가지를 꼽았습니다. 국가의 지리적 위치, 지형적 형태, 영해의 크기, 해양 관련 종사자 수, 국민성 및 정부의 성격 등입니다.

마한은 조그만 섬나라 영국이 강력한 해양력에 의하여 대영제국을 건설했던 것을 모델로 삼아 국가 발전을 이루어야 한다고 역설했습니다. 그 방안으로 해양 통제를 위한 강력한 해군함대의 건설을 주장했습니다.

출간을 의뢰한 출판사마다 퇴짜를 맞아 몇 년간 책을 출간하지 못하다 우여곡절 끝에 책이 나오자 반응은 폭발적이었습니다. 그의 주장은 당시 해양 강국들의 해군력 증강에 큰 영향을 미쳤습니다. 마한의 이론을 받아들인 영국, 독일, 프랑스, 일본 등 강대국들은 발 빠르게 해군력 증강에 나섰습니다.

독일은 미국보다 먼저 해군력을 증강하여 제1, 2차 세계대전을 일으켰습니다. 마한의 책은 일본 해군 장교들의 필독서였습니다. 일본이 태평양전쟁을 일으킬 수 있었던 배경의 하나는 마한의 영향을 받아 건설한 강력한 해군력이 있었기 때문입니다.

그러나 무엇보다 마한의 영향을 가장 많이 받은 나라는 미국이었습니다. 미국이 영국에 이어 세계 제일의 해양 강국으로 발전하는 데 마한이 끼친 영향은 누구와도 비교할 수 없을 것입니다.

대백색함대

강력한 해군함대 건설을 역설한 마한의 사상을 실천한 사람은 시어도어 루스벨트Theodore Roosevelt, 1901~1909년 재임 대통령이었습니다. 우리에게는 1905년 구한말 미국과 일본이 필리핀과 조선 지배를 상호 승인하는 내용의 '가쓰라-태프트 밀약'을 맺을 때의 그 대통령입니다.

국권 상실의 위기에 처해 있던 조선 조정은 전쟁부 장관 태프트William Taft를 대표로 하는 미국 대표단 일행이 조선을 방문했을 때 촌극을 벌였습니다. 조선 조정은 태프트가 일본과 조선 지배를 승인하는 밀약을 체결하고 온 사실을 몰랐습니다. 미국의 도움을 받아 독립을 유지할 수 있을까 하는 기대감으로, 함께 온 루스벨트의 딸 앨리스를 공주인 양 고종까지 나서서 극진히 대접했던 것입니다.

루스벨트 대통령은 마한의 이론을 신봉하여 해군력 증강에 온 힘을 기울였습니다. 역대 대통령 중 해군에 대한 이해도가 가장 높았다고 평가받던 루스벨트는 재임 중 많은 전함을 건조하였고, 해군력을 외교정책에 활용하는 '포함외교 Gunboat Diplomacy'를 효과적으로 사용했습니다.

대백색함대의 기함이었던 U.S.S. 코네티컷 (사진:Wikimedia Commons)

포함외교의 결정판은 1907~1909년까지 16척의 전함으로 구성된 '대백색함대 Great White Fleet'가 전 세계를 일주하며 미국 해군력을 과시한 것이었습니다. 당시 미국 전함은 백색이었는데 세계 일주를 하면서 연기에 그을려지면서 회색으로 칠한 것이 오늘날 미국 군함의 색깔이 되었습니다.

루스벨트는 미국 대서양 함대와 태평양 함대의 원활한 통합을 위해 파나마운하 건설 계획을 세웠습니다. 일련의 해군력 증강 노력은 1916년에 '해군법'이 통과됨으로써 세계 최강의 미 해군 건설 방침이 공식적으로 승인되었습니다.

필자가 연수했던 미 해군대학에는 설립자 루스 제독을 기념한 루스 홀 Luce Hall과 마한 홀 Mahan Hall이 있습니다. 마한 홀 입구에는 졸업생 1,400여 명이 1달러씩 기부하여 제작한 마한의 초상화가 걸려 있습니다. 조금 왜소하고 완고해 보이는 모습의 마한 제독의 초상화 앞에서 100여 년 전 이곳에서 강의하던 모습과 한 사람의 전략가가 미국에 끼친 지대한 영향을 잠시 생각해 보았습니다.

바다의 날

5월 31일은 '바다의 날'입니다. 해양의 시대를 맞아 1996년 해양 강국을 목표로 해양수산부를 설립하고 '바다의 날'을 제정하였습니다. 이날은 통일신라 말기인 828년 해상왕 장보고가 청해靑海에 진鎭을 세운 날입니다.

장보고가 활약한 때는 우리 역사에서 해양력이 가장 강한 시기였습니다. 당에서 돌아온 장보고는 오늘날 완도읍 장좌리의 장도將島

라는 섬에 진을 세우고 1만여 군사를 지휘하여 서남해 일대의 해적을 소탕하고 당·왜·신라를 잇는 해상무역권을 장악했습니다.

장보고가 경주의 중앙 세력과 권력투쟁 과정에서 자객 염장에게 살해당하고 청해진의 유민들은 김제의 벽골제 공사로 추방되면서 우리 역사상 가장 강력했던 해양 시대는 짧게 막을 내렸습니다.

고려 시대에는 벽란도를 중심으로 송·왜·동남아·아랍국들과 활발한 해상무역을 했습니다. 그러나 유교 국가 조선이 들어서면서 바닷일을 '천업'으로 여기고 섬에 사람이 살지 않게 하는 '공도정책空島政策'을 시행하면서 바다와 멀어졌습니다. 그 결과 조선은 폐쇄적인 사회로 전락했고, 종국에는 해양 세력에 의한 식민의 역사였습니다.

바다의 의미

흔히들 '21세기는 해양 시대'라고 합니다. 그런데 바다의 중요성을 강조하면서도 왜 바다가 중요한지 설득력 있게 제시하지 못하는 경우가 많습니다. '바다가 우리의 미래'라는 명제에는 누구나 동의합니다. 그러면 왜 바다가 우리의 미래일까요.

첫째, 역사적으로 바다로 진출한 세력이 부와 세계질서를 주도했습니다. 진부한 격언을 다시 꺼내지 않더라도 역사상 동서양의 부와 발전이 역전된 계기는 바다를 개척한 서양과 바다에 빗장을 친 채 바다에 갇혀 버린 동양의 차이였습니다.

오늘날 해양 진출의 의미는 무력을 앞세워 신대륙을 개척하며 해상무역을 독점했던 유럽 제국주의 세력의 그것과는 다르겠지만, 개방성과 진취성이라는 정신과 미래의 부의 개척이라는 의미는 여전하다 할 것입니다.

둘째, 바다는 우리의 또 다른 국토입니다. 중국인들은 '남색 국토'라고 표현합니다. 우리가 사는 땅만이 우리의 국토가 아니고 관할권이 미치는 바다는 우리의 또 다른 국토입니다. 각국이 도서 영유권과 해양관할권을 둘러싸고 조금도 양보 없는 분쟁을 벌이는 것은 우리 국토의 한 치의 땅도 남에게 내어 줄 수 없는 것과 같은 맥락입니다.

셋째, 바다는 우리의 무역로입니다. 무역으로 먹고사는 우리에게 해운은 해상교통 이상의 의미입니다. 수출입 물동량의 99.8퍼센트가 해상운송으로 이루어진다는 사실에서 해상교통로가 우리에게 어떤 의미인지 알 수 있을 것입니다.

넷째, 해양산업은 블루오션 산업입니다. 해양산업은 신규 분야가 지속적으로 발굴되고, 새로운 기술이 적용되면서 새로운 수요가 창출되는 블루오션입니다. 선진국들은 해양산업을 미래 전략산업으로 육성하여 새로운 성장엔진으로 삼고 새로운 시장을 선점하기 위해 심혈을 기울이고 있습니다.

다섯째, 바다는 우리의 식량 창고이자 에너지 자원의 보고입니다. 세계 인구가 계속 증가함에 따라 미래에 식량 문제가 심각할 것으로 예상됩니다. 가까운 미래에 예상되는 높은 에너지 수요 증가를 충족시키기 위해서는 지금보다 석유 42퍼센트, 가스 65퍼센트,

석탄 70퍼센트를 더 생산해야 한다는 예측입니다.

그러나 육상 에너지 자원의 실정을 감안하면 이 정도 많은 양의 에너지를 생산하는 것은 사실상 불가능합니다. 그래서 새로운 대안으로 해저 에너지 자원으로 눈을 돌리고 있습니다.

마지막으로 바다는 우리의 안보입니다. 오늘날 해양 분쟁 등 해양에서의 안보 위협 요인이 증가하고 있습니다. 북한과 대치하고 있는 우리의 안보 여건에서 바다는 우리의 안전을 위협할 수 있는 가장 취약한 공간입니다. 또한 해양 이익을 둘러싼 주변국과 잠재적 긴장 관계도 해양 안보를 강화해야 하는 이유입니다.

우리가 늘상 봐왔던 한반도의 지도를 거꾸로 놓고 보면 새로운 세계가 보입니다. 중국 대륙의 맨 끝에 매달린 변방 한반도가 아니라 대양으로 나아가는 전초기지가 바로 한반도입니다.

••• 한반도의 해양시대를 열었던 해양 영웅

드라마 〈해신〉과 청해진

오래전 장보고를 주인공으로 한 〈해신海神〉이라는 드라마가 큰 인기를 끈 적이 있습니다. 그해 드라마의 인기 덕분에 장보고 유적지와 드라마 세트장을 보기 위해 수십만의 관광객이 완도를 찾았습니다. 당시 필자는 완도해경서장으로 재직하고 있을 때였는데, 담당 PD가 고등학교 동기여서 드라마 촬영 현장을 구경하고 출연 배우들을 만나볼 수 있는 호사를 누릴 수 있었습니다.

〈해신〉이 방영된 시기는 우리나라가 해양국으로서의 자각과 해양의 중요성이 새롭게 인식되던 시기였습니다. 이러한 시대적 흐름 속에서 해상왕국을 건설했던 장보고 현양사업이 활발히 진행되고 있을 때였습니다.

그때까지 역사 속 영웅·위인 열전에서 그다지 큰 조명을 받지 못하던 장보고는 해양 강국을 지향하는 시대적 분위기를 타고 해양력을 널리 떨친 영웅으로 새롭게 부각되었습니다.

통일신라 시대인 828년 오늘날 전남 완도에 청해진淸海鎭이 설치되었습니다. 청해진 본영이 있었다고 알려진 완도군 장좌리 앞의 조그만 섬 장도將島에는 당시 설치되었던 성벽과 해안의 목책, 접안시설 유적이 발굴되기도 했습니다.

당시 초강대국 당唐은 성당盛唐 시대를 이루며 최고의 전성기를 누리고 있었습니다. 당을 정점으로 하는 패권체제에 의해 동아시아는 안정된 국제질서를 유지하고 있었고, 국가 간 문화·경제 교류가 활발하게 이루어졌습니다. 그 결과 당·신라·일본을 연결하는 동아 경제권이 형성되었습니다.

동아시아에서 국가 간 교류와 교역은 대부분 해로를 통해서 이루어졌습니다. 서역과 교역은 '실크로드'나 '바다의 비단길'이라 불리는 '해양 실크로드'를 통해서 이루어졌습니다. 서역과 해양 실크로드를 통한 교류가 활발해지면서 아랍 상인들이 광저우廣州까지 운송해 온 서역의 물품을 당의 수도인 장안長安이나 신라, 일본으로 운송할 해양물류 네트워크의 형성이 절실해졌습니다.

동아시아의 해상 교역망에서 중심적인 역할을 한 세력은 재당 신라인들이었습니다. 이들은 백제와 고구려가 나당 연합군에 의해 멸망하자 포로로 당에 끌려간 유민들의 후손들이었습니다. 이후에 당의 개방적 이민족 정책으로 상인, 승려, 유학생 등 많은 신라인이 당으로 건너가 정착했습니다.

이들은 신라와 가까운 산동반도를 중심으로 해변가에 신라방新羅坊이라 불리는 신라인 집단 거주지를 형성했습니다. 신라나 일본으로 뱃길이 시작되는 해상교통의 요지인 산동반도의 석도, 양자강 유역의 양주, 소주, 절강성의 영파, 황암 등지에 신라방이 있었습니다. 재당 신라인들은 주로 상업, 해운업에 종사하며 독자적인 경제권을 형성하였고 신라의 문화를 보존하면서 자신들의 정체성을 지켜 나갔습니다.

청해진이 위치했던 전라남도 완도군 장도 전경 (사진:완도군)

장보고의 해적 소탕

해상교역이 활발해지면서 값비싼 화물을 싣고 가는 교역선을 노리는 해적이 발호하였습니다. 해적들은 무장 상인들로서 다국적으로 구성되어 있었습니다. 이들은 교역선을 약탈하고 해안지역의 양민들을 납치하여 노예시장에 내다 팔았습니다.

교역을 방해하고 해상 질서를 어지럽히는 해적 문제는 당시 동아시아의 국제적 현안이었습니다. 당으로 팔려 온 신라인 노예 문제는 당 조정에서도 심각성을 인식하고 신라인 노예를 돌려보내라는 황제의 칙령을 내렸으나 근절되지 않았습니다.

이런 시대적 상황에서 장보고가 우리의 해양 역사에 등장합니다. 장보고는 어릴 때 신라에서 당으로 건너가 무녕군 장군의 지위에 올랐습니다. 해적을 퇴치하여 해상교역을 보호하고 중앙정부의 힘을 약화시키는 해상 세력을 통제하고자 했던 신라 조정은 장보고를 청해진 대사大使로 임명했습니다. 장보고는 그의 친구 정년과 함께 청해진을 설치하고 1만여 명의 군사를 이끌었습니다.

청해진이 설치되었던 완도는 신라, 일본, 중국을 오가는 바닷길이 연결되는 해상교통의 요충지였습니다. 청해진은 주변을 오가는 선단들을 관측하고 보호할 수 있는 위치에 있고, 본영이 있는 장도는 외해로부터 깊숙이 자리 잡고 있어 외침으로부터 방어할 수 있는 지형입니다. 장보고는 주변의 많은 섬들을 연결하는 해양 방어 체제를 구축하여 대규모 해양 요새를 건설했습니다.

장보고는 잘 훈련된 군사와 강력한 군사력으로 교역선을 약탈하고 해안지역 노략질을 일삼던 해적들을 소탕하여 해상 질서를 회복하였습니다. 청해진 주변 해역을 통과하는 국제 교역선의 안전을 지켜주는 대신 보호료 명목의 통항세를 징수하며 해상통제권을 행사하였습니다.

해상 무역왕 장보고

장보고의 청해진은 해상 질서를 유지하고 해상 방어를 전담하는 군사 집단만이 아니었습니다. 해상통제권을 장악한 장보고는 한·중·일의 해로가 연결되고 중국과 일본에 근접한 청해진의 지리적 이점을 활용하여 중계무역으로 해상교역에 직접 나섰습니다.

당에는 대당 매물사라는 물품 구매관을 직접 파견하여 당의 물품과 동남아, 아라비아에서 수입된 고가 사치품을 사들여 신라 귀족들에게 되팔았습니다. 또한 신라 물품을 당에 수출하였습니다. 당과 외교관계가 중단되었던 일본의 후쿠오카에는 무역지점을 설치하여 일본과 당의 가교 역할을 하며 일본과의 무역을 독점하였습니다.

장보고의 청해진은 국제적으로는 당 중심의 동아시아 질서에 편입되지 않고 독자적인 국제 해상 교역망을 구축하였습니다. 국내적으로는 국제 해상 교역으로 막대한 경제적 이익을 거두며 군사력과 경제력을 갖춘 독자적인 해상 세력으로 성장하였습니다.

통일신라 말기 조정은 왕위 계승을 둘러싸고 피비린내 나는 쟁탈전이 계속되었습니다. 이런 와중에 장보고는 왕위 쟁탈전에 휘말렸습니다. 장보고는 군사 5천여 명을 보내 반대파를 제거하고 신무왕을 추대하였으나 재위 4개월 만에 죽고 그의 아들 문성왕이 왕위를 이어받으면서 장보고는 몰락하게 됩니다.

언제든 왕위를 위협할 수 있고 조정을 무력화할 수 있는 장보고는 왕과 중앙 호족 세력에겐 너무 위협적인 존재였습니다. 이들은 장보고를 제거하기로 하고, 장보고 예하 장수인 염장閻長을 시켜 암살하게 하였습니다. 남의 좋지 않은 상황을 더 악화시킨다는 의미의 '염장鹽藏질한다'는 말은 남도에서 민중들의 영웅이었던 장보고가 염장에 의해 살해된 것과 연관 지어 쓰기도 합니다.

장보고의 죽음과 더불어 청해진과 그가 구축했던 국제 해상 질서도 함께 몰락했습니다. 중앙조정은 장보고가 죽은 뒤 청해진을 철저히 해체하여 발호하는 지방 호족 세력을 견제하고자 했습니다. 청해진 군사들과 백성들은 대부분 김제로 강제로 이주되어 벽골제 공사에 투입되었습니다.

우리 해양 역사에서 한반도 주변 해역의 통제권을 완벽하게 장악하고 해상 질서와 교역을 주도했던 시기는 장보고의 청해진 시대가 유일무이했습니다. 장보고의 죽음과 청해진의 몰락 이후 해상 교역망의 주도권을 놓게 되었고 한반도는 동아시아 교역과 경제체제에서 주변부로 밀려나게 되었습니다.

장도 앞 장좌리에는 청해진 바다를 호령하는 듯한 모습의 장보고 동상이 서 있습니다. 장보고는 강력한 해양력으로 바다를 제패한 해상왕국의 경영자였고, 한반도 주도의 해양 시대를 열었던 해양 영웅이었습니다.

해양관문을 지켜라

관문關門은 사전적 의미로 '요새나 국경 지역을 드나들기 위해서는 반드시 거쳐야 하는 길목'을 말합니다. 관문을 통하면 시간이나 비용을 단축하여 보다 신속하고 안전하게 목적지로 이동할 수 있기 때문에 관문 지역은 옛날부터 교통·상업·무역·문화교류의 중심지이자 군사적 요충지였습니다.

바다에는 '전략적 해양관문Strategic Maritime Choke Points'이 여러 곳 있습니다. 연근해에서 대양으로 나아가는 해로나 해상교통로의 접점, 대양과 대양을 이어주는 해협이나 운하 등이 해양관문의 기능을 합니다.

이러한 해양관문에는 말라카해협, 호르무즈해협, 수에즈운하, 파나마운하, 바브엘만데브해협, 지브롤터해협 등이 있습니다. 그 외에도 지역적으로 중요한 관문들이 많이 있습니다.

선박들이 해상관문을 지나는 지름길을 두고 우회하면 그만큼 항해 거리와 시간이 늘어나고 이에 따라 항해 비용도 크게 증가하기 때문에 선박들은 그곳을 반드시 지나가야 합니다. 이러한 사정 때문에 해상관문은 해상무역이 본격화되면서부터 해양 강국들의 치열한 각축장이 되어왔습니다.

전함의 이동도 마찬가지였기 때문에 관문은 전략적 요충지가 되었습니다. 영국이 러시아의 남진을 막기 위해 1885년 3월부터 2년 가까이 우리나라의 거문도를 강제로 점령한 것도 제주와 여수 사이에 있는 거문도가 극동의 러시아 함대가 태평양으로 나아가는 데 반드시 거쳐야 하는 전략적 관문이었기 때문이었습니다.

해양관문은 값비싼 화물을 실은 선박들이 많이 통항하는 곳이기 때문에 길목을 지키는 해적이나 테러 공격의 위험에 취약한 곳이기도 합니다. 오늘날 전 세계 석유 수요의 63퍼센트가 해상으로 수송되는 현실 때문에 전략적 해상관문의 안전은 글로벌 에너지 안보, 군사 등 국제정치에서 중요한 변수가 되고 있습니다.

말라카해협과 호르무즈해협

남중국해와 인도양을 이어주는 말라카해협 Malacca Strait 은 우리에게 어떤 곳보다 중요한 해양관문입니다. 말라카해협은 중동 산유국과 우리나라를 비롯해 중국, 일본 및 태평양 지역의 석유 수입국들을 연결하는 최단거리 해상교통로입니다. 말라카해협은 '해상 실크로드'가 개척되면서부터 인도양과 태평양을 잇는 해상관문이었습니다.

해협 내의 말라카항은 동서 해상교역을 하는 선박들이 보급과 교역품 선적과 보관을 위한 중간 기착지 역할을 하는 요충지였습니다. 이러한 지정학적 가치 때문에 말라카는 16세기 포르투갈, 17세기 네덜란드, 18세기 영국의 지배를 번갈아 받으면서 유럽 강국들의 아시아 진출 교두보 역할을 했습니다.

오늘날에도 동서양 해상무역의 요충지로서 말라카해협의 위상은 변함이 없습니다. 하루 평균 1500만 배럴의 원유가 말라카해협을 통해서 수송됩니다. 호르무즈해협에 이어 세계 두 번째 석유 수송로입니다. 매년 5만여 척 이상의 선박이 통항하며 전 세계 무역량의 3분의 1을 수송합니다.

호르무즈해협 Strait of Hormuz은 중동산 석유에 절대적으로 의존하고 있는 우리에게 말라카해협 못지않게 중요한 해양관문입니다. 오만과 이란 사이에 위치하고 있으면서 페르시아만과 오만만, 아라비아해를 연결시키고 있습니다. 해협의 폭은 21마일이지만 실제 통항 거리가 2마일에 불과한 아주 협소한 해협입니다.

호르무즈해협은 세계에서 가장 중요한 석유 수송 관문입니다. 하루 1700만 배럴의 석유가 이곳을 통해 수송되고 있습니다. 전 세계 석유 수송의 30퍼센트에 해당하는 규모입니다. 이 해협을 통해서 수송되는 원유의 85퍼센트가 일본, 인도, 한국, 중국으로 수송될 만큼 아시아 국가들의 에너지 수급에 가장 중요한 해양관문입니다.

말라카해협 위치

2025년 6월 이스라엘의 이란 공습으로 이란이 호르무즈해협을 폐쇄할 수 있다는 우려 때문에 우리나라를 비롯한 원유 수입국들이 매우 긴장했습니다. 해협이 폐쇄되거나 원활한 통항이 방해받으면 원유 수입국, 나아가 세계 경제에 미치는 영향이 어떨지 능히 짐작할 수 있을 것입니다.

미국은 중동 지역에서 자국의 이익 보호와 해협의 통항 안전을 위해 해군력을 지속적으로 주둔시키고 있습니다. 기뢰 등 이란의 비대칭적 공격에 대비하기 위해 호르무즈해협에 파견된 미 제5전대는 전력을 강화하고 있습니다.

우리나라도 해적 퇴치와 국적선 보호를 위해 아덴만 해역에 파견하는 청해부대 함정의 작전 반경을 2020년부터 호르무즈해협까지 확대하고 있습니다. 수천 킬로미터 떨어져 있는 말라카, 호르무즈 해협과 같은 해양관문의 안전은 우리의 에너지 안보, 무역, 나아가 우리 생존과 직결되는 문제입니다.

호르무즈해협 위치

'네모 선장'의 아라비아 터널

쥘 베른의 공상 해양과학 소설 《해저 2만리》에는 네모 선장이 잠수함 '노틸러스'호를 몰고 자신들만이 아는 '아라비아 해저터널'을 통해 홍해에서 지중해로 이동하는 장면이 있습니다. '노틸러스'호는 홍해에서 지중해로 경사진 터널을 따라 맹렬히 흐르는 급류를 타고 20분도 안 되어 수에즈 지협을 통과하여 지중해에 도달합니다.

네모 선장은 기막힌 발상으로 해저터널을 발견하게 됩니다. 홍해와 지중해에 같은 종류의 물고기가 많다는 것을 알아차린 네모 선장은 수에즈 근처에서 잡은 물고기에 고리를 끼워 다시 물속으로 풀어줍니다. 몇 달 뒤 시리아 해안에서 그 물고기를 잡게 되어 두 바다 사이에 통로가 있다는 것을 알게 되고 그 통로를 찾아다닌 끝에 해저터널을 찾아내게 됩니다.

3,400여 년 전 모세가 이집트에서 노예 생활을 하던 유대민족을 이끌고 약속의 땅 '가나안'으로 탈출하면서 건넌 곳이 홍해입니다. 네모 선장이 홍해 밑으로 난 '아라비아 터널'로 지중해를 드나들던 지협 위로 새로운 운하가 열렸습니다. 수에즈운하입니다.

수에즈운하

2019년 8월 이집트에서 '제2 수에즈운하' 개통식이 열렸습니다. 새로운 운하는 지중해-홍해를 잇는 기존의 수에즈운하 중 일부인 72킬로미터 구간에 건설되었습니다. 이 중 35킬로미터 구간은 새로 건설한 운하이고, 나머지 37킬로미터는 기존 운하의 폭을 넓히고 깊이를 더했습니다. 길이도 193킬로미터로 늘어났습니다.

새로 건설된 운하로 선박의 쌍방통행이 가능해져 운하 통과 시간이 18시간에서 11시간으로 7시간이 줄어들고, 하루 통과 선박도 49척에서 97척으로 늘어나게 되었습니다.

수에즈운하는 홍해의 수에즈항과 지중해의 포트 사이드Port Said를 연결하는 세계 최대의 운하입니다. 수에즈운하의 역사는 고대 이집트 파라오 시대까지 거슬러 올라갑니다. 지중해와 홍해를 연결하는 것이 교역을 위해 얼마나 중요한지 잘 알고 있던 그 지역 통치자들은 두 바다를 연결하려는 시도를 해왔습니다.

운하 건설이 본격적으로 추진된 것은 근대 이후입니다. 1798년 이집트를 점령한 후 나폴레옹은 수에즈 사막에서 옛 운하의 흔적을 발견하고 지중해와 홍해를 잇는 운하 건설 검토를 지시했습니다. 그러나 홍해가 지중해보다 해수면이 9미터 이상 높기 때문에 운하를 건설하면 나일강 유역에 대홍수를 일으킬 수 있다는 잘못된 보고 때문에 나폴레옹은 운하 건설을 단념했습니다.

수에즈운하는 1859년부터 1869년 사이 이집트 정부와 계약을 맺은 프랑스에 의해 건설되었습니다. 수에즈운하는 평지에 건설되었고 홍해와 지중해의 해수면 차이가 미미하기 때문에 파나마운하와 달리 갑문이 없습니다.

수에즈운하에서 통항할 수 있는 선박의 최대 규모는 24만 톤급인데, 이것을 '수에즈맥스Suezmax'라 합니다. 선박들은 운하를 통과하는 동안 8노트시속 15킬로미터 이내로 움직여야 합니다. 느린 속도로 움직여야 배가 움직이면서 만드는 파도로부터 사토Silt인 운하 양안의 침식을 막을 수 있기 때문입니다.

수에즈운하의 모습. 선박들은 운하를 통과하는 동안 8노트(시속 15킬로미터) 이내로 움직여야 한다. (사진:Shutterstock)

연평균 1만 7천여 척의 선박이 수에즈운하를 통항하며 세계 원유 물동량의 4.6퍼센트, 해상 무역량의 7.5퍼센트를 담당합니다.

이집트는 연간 약 50억 달러의 통항료 수입을 올리고 있습니다. 관광, 재외국민 송금에 이어 세 번째로 중요한 이집트의 재정 수입원입니다.

수에즈운하가 뚫리면서 희망봉을 돌아 인도양으로 항해하는 것에 비해 항해 거리를 6,500킬로미터 줄일 수 있었습니다. 영국은 프랑스가 운하 건설을 계획했을 때 자국의 해상무역 지배가 흔들릴 수 있다는 우려 때문에 프랑스의 운하 건설 계획을 격렬히 반대했습니다.

운하가 건설되고 나자 영국은 수에즈운하의 통제에 눈독을 들였습니다. 영국은 운하회사의 지분을 매입하여 독점적 소유권을 가졌으나 1888년 '콘스탄티노플 조약'에 의해 모든 국가 선박의 통항권이 보장되었습니다.

해양 패권을 유지하고 동남아에서 식민지 관리를 위해 수에즈운하의 직접 통제 필요성을 느낀 영국은 운하 지역에 군대를 주둔시켰습니다. 20세기 중후반 중동의 거센 민족주의 바람 속에 수에즈운하는 국제분쟁의 중심이 되었습니다.

이집트 나세르 대통령은 1956년 수에즈운하를 국유화해 운하 통행료로 아스완 댐 건설 재원을 충당하고자 했습니다. 그리고 이스라엘 선박의 통항을 불허했습니다. 이에 따라 1956년 이스라엘, 프랑스, 영국이 이집트를 침공했습니다. 제3차 중동전쟁 1967~1975 기간 동안 수에즈운하는 1975년까지 폐쇄되었습니다. 당시 수에즈운하를 통항하고 있던 14척의 화물선은 8년간이나 운하에 갇혀 있어야 했습니다.

파나마운하와 미국

제2기 트럼프 행정부가 들어서면서 미국은 과도한 운하 통행료와 중국의 운하 통제를 이유로 파나마운하의 운영권 반환을 요구하고 있습니다. 중국 물류회사가 운하의 태평양, 대서양 쪽 두 항만을 통제하며, 중국과 파나마의 밀착 관계 등으로 전시에 중국의 이익을 위해 운하가 사용될 수 있다는 위기감이 그 배경입니다.

이를 계기로 파나마운하의 역사와 대서양과 태평양 연안국가 미국에 있어서의 전략적 가치를 짚어보려 합니다. 파나마운하는 아시아·태평양 지역 유사시 대서양 쪽 미 해군이 출동하는 중요한 길목입니다. 그리고 미국으로 오는 아시아 물동량의 58퍼센트가 통과하는 요충지입니다.

대서양과 태평양을 연결하는 파나마운하 건설은 현대사에서 인류가 창조한 경이의 하나로 꼽히고 있습니다. 운하 공사는 인류 역사상 가장 규모가 크고 어려운 토목·건설공사의 하나였습니다. 파나마운하는 오늘날 미국을 있게 한 핵심 요소의 하나라 해도 과언이 아닐 만큼 미국의 무역, 해상교통, 군사이익과 불가분의 관련이 있습니다.

파나마운하 건설은 해양전략가 알프레드 마한이 미국의 해양력을 발전시키기 위해서는 해군력 증강과 함께 대서양과 태평양의 군함이 신속하게 상호 기동할 수 있도록 해야 한다는 주장에 의해 실현되었습니다.

대서양과 태평양을 연결하는 파나마운하 건설은 현대사에서 인류가 창조한 경이의 하나로 꼽히고 있다. (사진:Shutterstock)

파나마운하는 길이 82킬로미터, 평균수심 12.5미터, 폭 150미터의 좁은 운하입니다. 양 대양 쪽에 각각 3단계 갑문을 설치하여 해수면 차이를 극복하면서 배를 통항시키는 방식입니다. 수에즈운하는 해수면 차이가 미미한 바다를 일직선으로 연결하는 방식인 데 비하여, 파나마운하는 배를 바다로부터 산 정상까지 끌어올려 다시 산 아래로 내려보내는 방식입니다.

대서양에서 태평양으로 나아가는 경우 먼저 바다에서 세 개의 갑문을 이용하여 물을 채우면서 다음 갑문과 수면을 같게 한 후 차례로 세 개의 갑문을 통과합니다. 이런 방식으로 산 정상에 있는 해발 26미터의 가툰Gatun 호수까지 올라가서 호수를 횡단한 다음 태평양으로 내려갈 때는 차례로 세 개 갑문의 물을 비우면서 다음 갑문과 수면을 같게 하여 이동하면서 내려가게 됩니다. 운하를 통과하는 데 8~10시간가량 걸리지만, 갑문 통과 대기시간까지 계산하면 약 35시간이 소요됩니다.

파나마운하의 개통은 동부의 뉴욕에서 서부의 샌프란시스코로 가는 경우 남아메리카의 마젤란해협, 혼곶, 드레이크해협을 돌아가는 것에 비해 항해거리를 약 1만 3천 킬로미터나 단축21,000km에서 8,000km시켰습니다.

매년 1만 2천 ~1만 5천여 척의 선박이 운하를 통과합니다. 하루 평균 40여 척 꼴입니다. 파나마운하를 통해 전 세계 해상 무역량의 5퍼센트, 미국 국제 무역량의 12퍼센트가 수송되고 있습니다.

파나마운하의 가툰 수문 (사진:Shutterstock)

파나마운하 건설

파나마운하의 역사는 스페인 식민지 시대로 거슬러 올라갑니다. 프랑스가 1879~99년까지 20년간 80만 명의 투자자로부터 투자를 받아 공사를 진행했으나 실패로 끝났습니다. 재정문제, 질병, 기술적 어려움 등이 이유였습니다. 황열, 말라리아 등 열대성 풍토병으로 공사 인부 2만여 명이 죽었고 해수면 차이를 극복하기 위한 기술력이 부족했기 때문이었습니다.

1898년 미국-스페인 전쟁 시에 미국 함대가 기동의 어려움을 겪으면서 운하 건설의 필요성이 다시 제기되었습니다. 당시 시어도어 루스벨트 대통령은 콜롬비아와 운하 건설 추진이 원활하지 않자 1903년 파나마 혁명을 지원하여 파나마를 독립시켰습니다.

파나마운하는 1904부터 1914년까지 10년이 걸려 완공되었습니다. 운하 건설에는 7만여 명의 인력이 투입되었고, 이 중에서 5,600여 명의 인부가 작업 중 열대 풍토병, 사고로 사망했습니다. 완공 후 미국 관할하에 있던 파나마운하는 1999년 파나마로 관리권이 이전되었습니다.

1990년대 이후 글로벌 무역이 활발해지고 파나마운하를 통과하는 화물이 크게 늘어나면서 파나마운하에 심각한 병목현상이 일어나고 있습니다. 파나맥스를 초과하는 '포스트 파나맥스Post-Panamax'라고 알려진 초대형화된 컨테이너선이 등장하면서 문제가 더 심각해졌습니다.

이런 문제를 해결하기 위해 파나마 정부는 운하가 개통된 지 102년 만인 2007년 운하 확장공사를 시작해 2016년 6월에 완공했습니다. 기존의 운하 옆에 새로운 운하를 건설하는 방식입니다. 이로써 갑문과 도크를 대폭 확장해 최대 길이 366미터, 폭 49미터의 선박이 통항할 수 있게 되었습니다.

기존 4,000~5,000TEU급 컨테이너 선박에서 14,000~18,000TEU급 선박이 운항 가능하게 되었습니다. 이로써 전 세계 LNG 선박의 92퍼센트, 모든 선박 종류의 97퍼센트가 새 운하를 지날 수 있게 되었습니다.

"미국이 피땀 흘려 만든 파나마운하에 불법 이득 취득"이라는 트럼프 대통령의 발언 배경은 중국에 대한 견제라는 분석입니다. 운하 통행료는 파나마 정부 수입의 24퍼센트를 차지하고 있습니다. 운하 운영권을 반환하라는 미국의 강력한 요구 앞에 파나마 정부는 미군 함정의 운하 통항료 면제를 결정했습니다. 그러나 파나마운하에 대한 중국의 영향력이 지속되는 한 미국과 파나마, 나아가 미·중 패권경쟁의 뜨거운 감자가 될 것 같습니다.

• • •
해금(海禁)

우리가 알고 있는 세계 역사는 여러 가지 역사적 요인들이 다양한 시공간에서 복잡한 인과관계의 상호작용을 거쳐 나온 산물입니다. 우리가 세계사를 배우는 이유는 역사의 큰 흐름을 반추하여 오늘날 우리가 직면하고 있는 문제의 맥락을 이해하고 같은 오류를 반복하지 않도록 하자는 것입니다.

해양 진출에 대한 역사를 살펴보면 꼭 그렇다는 생각이 듭니다. 근대 이후 유럽과 아시아의 발전 역사를 대비하는 데 '해금海禁'이라는 말만큼 적합한 말도 없을 것입니다.

해금은 '하해통번지금下海通番之禁', 즉 '바다로 나가서 오랑캐와 소통을 금지한다'라는 말에서 유래했습니다. 해금은 명나라와 청나라 시대에 해양 진출과 해상교역을 금지하는 반해양·반무역 정책이자 쇄국 정책이었습니다.

중세의 암흑시대를 거치는 동안 경제·군사·문화 등 모든 면에서 아시아에 뒤처져 있던 유럽이 근대 세계를 제패하고 근대 이후의 세계사를 주도할 수 있었던 기반은 단연코 '대항해시대'라 불리는 과감한 해양 진출의 역사 때문이었습니다.

포르투갈, 스페인을 선두로 한 유럽 국가들은 자원이 부족하고 대륙에 막힌 지리적 불리함에서 탈피해 과감히 대서양 너머 대륙 저편으로 눈을 돌렸습니다. 이로써 새로운 대륙을 발견했고 새로운 운명을 창조했습니다.

해상무역으로 벌어들인 경제적 이득은 유럽 사회 전반에 큰 변화와 발전을 가져왔고 문화 부흥과 자본주의가 꽃피울 수 있게 했습니다. 대양 항해에 필요한 선박 건조와 항해 장비의 개발은 조선·기계·천문·해양 기술의 발전과 연관 산업의 성장을 가져왔습니다.

유럽인들이 전 세계 바다를 누비고 다닐 때 아시아는 바다에서 눈을 돌린 채 철저히 쇄국의 길로 나아갔습니다. 중화주의와 유교의 이념 아래 바다에 빗장을 치고 폐쇄적인 내륙국가가 되었습니다. 바다는 더 이상 교류와 무역을 위한 개방적 공간이 아니었고 대외관계를 가로막는 장애였습니다.

해양으로부터 등을 돌린 상태에서 바다는 외적이 쉽게 침입할 수 있는 안보 취약 지역이었을 뿐이고, 바닷가 사람들은 적과 내통할 수 있는 불온세력으로 통제의 대상이었습니다. 농업을 본업本業으로 삼는 유교적 세계관에서 바닷일은 말업末業이자 천업賤業이었습니다.

이러한 이념과 사상이 정책으로 실행된 것이 해양으로 진출하는 것을 철저히 억제했던 해금령海禁令이었습니다. 명 태조 주원장은 신왕조 건립 직후 반명 세력이 왜구와 결탁하여 신생 왕조를 위협하는 것을 두려워하여 해상을 통한 사무역과 해양으로 나아가는 것을 엄격히 금지하는 강력한 해금령을 시행했습니다.

중화체제 속에서 소중화를 자처했던 조선도 사정은 마찬가지였습니다. 오히려 한술 더 떠 섬사람들이 외적과 연계되는 것을 두려워하여 섬에 사람이 살지 않고 비워두는 공도空島 정책까지 시행했습니다.

강력한 '해금'으로 바다로 진출하려는 의지를 막고 해외무역을 제한함으로써 자급자족의 폐쇄적 경제체제가 되었습니다. 이로써 아시아는 '바다에 갇혀' 버리고 해상무역으로 문명의 교류와 부를 창출하는 세계사의 큰 흐름에서 뒤처지게 되었습니다.

이것은 아시아가 유럽 해양 세력에 의해 식민의 역사를 겪게 되는 '아시아의 굴욕'이 시작되는 분기점이 되었습니다. '해금'의 역사는 오늘날 바다의 중요성이 더욱 커지고 바다에서 새로운 활로를 찾는 이때 왜 우리가 더 과감히 바다로 눈을 돌려야 하는가에 대한 답을 주는 역사적 교훈이 아닐까 합니다.

Part
3

해양 경제

바다의 고속도로

• • •
'바다의 고속도로' 해상교통로

하늘에도 항로가 있듯이 광활한 바다에도 목적지에 가장 빠르고 안전하게 갈 수 있는 '해상교통로'라 불리는 항로가 있습니다. 해상 교통로는 무역물자를 싣고 오가는 선박이 다니는 국제 해상 고속도로입니다. 해상교통로에 있는 해상관문은 최단 시간에 목적지에 가기 위해서는 꼭 지나가야 하는 좁은 길목입니다.

역사적으로 해양 강국들이 제해권을 제패했다고 하는 것은 해상 교통로와 해상 주요 관문에 대한 통제권을 장악했다는 의미입니다. 해상무역을 위해서는 해상교통로와 해상관문에서 통항을 방해받지 않고 항시 자유로운 통항을 할 수 있는 것이 제일 중요합니다.

로마제국 시대에 로마가도는 제국을 운영하는 데 가장 중요한 기반시설이었습니다. 거대한 제국의 변경까지 연결된 로마가도는 황제의 통치가 제국의 구석구석까지 미치게 하는 행정망이었습니다. "로마는 병참으로 이긴다"라는 말이 있듯이 잘 닦여진 로마가도는 전시에 군대와 병참을 신속하게 전장까지 수송할 수 있게 했습니다.

"모든 길은 로마로 통한다"라는 말과 같이 수도 로마에서 출발하여 속주 각지로 연결된 로마가도는 속주에서 생산된 곡물이나 원료를 들여오고 제국의 생산품이 속주로 운송되는 교역로로서 로마 경제의 중추신경 기능을 했습니다.

로마제국이 멸망하고 근세에 접어들면서 바다에서는 대양을 건너 다른 대륙으로 항해할 수 있는 항로가 개척되었고, 육상수송과 비교가 되지 않을 정도로 저렴한 비용으로 한꺼번에 많은 양의 물자를 수송할 수 있게 되었습니다. 그 결과 대륙 내 지역 간 육상무역과 연안무역은 대양을 건너 대륙과 대륙 사이에 행해지는 '해상무역 시대'로 전환되었습니다.

오늘날 '바다의 고속도로'라 불리는 해상교통로를 통해 평시에는 경제성장에 필수적인 석유와 가스 같은 에너지와 무역물품이 수송되고, 전시에는 군함과 군수물자·병력이 이동합니다.

전략적 해상교통로는 미국과 같은 패권국가가 분쟁지역에 자국의 힘을 직접 투사하거나 우방국을 지원하기 위해 대규모 군사력을 이동시키는 통로로서 로마가도와 같은 기능을 하는 공간입니다.

수천 킬로미터 떨어져 있는 세계 분쟁지역에 미국의 힘을 투사할 수 있는 것은 항공모함을 앞세운 강력한 해군력에 의해 실행됩니다. 이러한 이유로 전략적 해상교통로와 해상관문에서 군함의 자유로운 기동력 확보는 결코 포기할 수 없는 미국의 핵심 이익입니다.

그러면 핵심적 해상무역 통로인 해상교통로는 어떻게 개척되었을까요. 오늘날의 주요 해상교통로는 초기 범선 시대의 탐험가들에 의해 개척되었습니다. 항로 개척 시대에 항해에 영향을 미친 두 가지 중요한 요소는 '바람'과 '해류'였습니다.

동력을 사용하지 않은 범선 시대에 가장 중요한 항해 요소는 바람의 이용이었습니다. 콜럼버스가 대서양을 건너 아메리카 대륙을 발견했을 때 이용한 무역풍Trade Winds을 타면 서쪽으로 빨리 항해할 수 있었습니다. 임무를 마치고 유럽으로 귀환할 때는 편서풍Westerlies을 이용해 동쪽으로 신속한 항해가 가능했습니다.

이에 따라 대부분의 해상교통로는 이들 바람을 최대한 활용할 수 있는 항로가 선택되었습니다. 동력 시대에도 순풍을 받고 가면 연료 소모를 줄이고 시간을 단축할 수 있어 이점은 마찬가지입니다. 이와 함께 목적지 도시의 중요성도 항로 개척의 요인이었습니다.

한국의 생명선

수출입 물동량 운송과 에너지 수입을 위해 해상교통로에 절대적으로 의존하고 있는 우리에게 해상교통로의 안전은 국가의 생존과 직결되는 문제입니다. 자원이 빈약하고 내수시장이 작은 우리나라는 대외의존도가 아주 높은 나라입니다. 다시 말하면 외국과 수출과 수입을 통한 무역으로 먹고사는 나라입니다. 2023년 기준 우리나라의 무역의존도는 국내총생산의 약 89퍼센트에 달합니다. 에너지원인 원유와 가스는 전량, 식량은 80퍼센트를 수입에 의존합니다.

수출입 무역품은 99.8퍼센트가 해상교통로를 통하여 운송되고 있습니다. 남북으로 분단된 상황에서 육상운송을 통한 외국과의 교역을 꿈꿀 수 없는 것이 우리의 현실입니다. 항공운송이 활발히 이루어지기는 하나 전체 교역량에서 보면 미미한 수준입니다.

우리나라가 생산한 상품을 수출하고 산업에 필요한 모든 원재료나 물품 수입은 전적으로 해상교통로에 의존하고 있습니다. 이렇기 때문에 해상교통로는 우리에겐 '생명줄'과 다름없습니다. 특히 길목에 해당하는 주요 해상관문의 안전과 자유로운 통항은 우리의 경제와 안보에 직결되는 문제입니다.

우리는 에너지원인 원유와 가스는 전량, 식량은 80퍼센트를 수입에 의존하고 있다. 해상교통로는 우리에겐 '생명줄'과 다름없다. (사진:Shutterstock)

해상교통로가 차단되거나 자유로운 통항에 차질이 생기면 어떤 결과가 초래될 수 있는지 전적으로 외국 수입에 의존하고 있는 석유 수송을 예로 들어 보겠습니다. 2023년 기준으로 한국은 해외비축분을 포함해 1억 4600만 배럴의 석유를 확보하고 있습니다. 전시와 같은 유사시에 쓸 수 있는 국내 비축량은 9700만 배럴입니다. 우리나라 하루 석유 소비량이 286만 배럴인 점을 고려하면 32일치 물량에 해당합니다.

미·중 패권경쟁의 장이 되고 있는 남중국해를 통해 우리나라 수출입 물동량의 약 40퍼센트가 운송되고 있습니다. 또한 중동에서 들여오는 원유는 거의 전적으로 말라카해협과 대만해협을 통해 수송이 이루어지고 있습니다.

이런 사정 때문에 남중국해 분쟁이나 대만해협 유사시 해상교통로가 차단되거나 자유로운 통항에 차질이 생기면 최악의 경우 국가 생존의 위험성에 직면할 수 있습니다.

우리나라의 주요 무역항로에 위치한 수에즈운하, 파나마운하, 호르무즈해협과 같은 주요 해상관문의 안전과 자유로운 통항은 우리의 경제·안보에 직결되는 문제입니다. 해상교통로의 안전과 자유로운 통항은 무역 국가 한국의 명운이 달린 문제이자 핵심 이익입니다.

해양 캐러밴

　배를 이용하여 사람을 나르고 물건을 수송하는 '해운Shipping'은 인류가 행한 최초의 국제적 사업이라 할 수 있을 만큼 그 역사가 오래되고 국가나 대륙의 경계를 초월하는 일이었습니다. 오늘날 항공기에 의한 화물 수송이 빠르게 증가하고 있지만, 해상운송에 비하면 그 규모와 비중은 비할 바가 못 됩니다.

　전 세계 화물 수송의 90퍼센트 이상이 해운으로 운송됩니다. 이런 사실이 아니어도 해운이 본격화하기 전 육로를 통한 화물 운송이 어떻게 이루어졌는지 알게 되면 해운의 의미를 보다 쉽게 이해할 수 있습니다.

　육로를 통한 화물 수송은 험난하고 비용과 시간이 많이 걸렸습니다. 무엇보다 한 번에 수송할 수 있는 물품의 양이 아주 적다는 것이 가장 큰 문제였습니다.

　사막을 횡단하며 교역을 했던 대상인 캐러밴Caravan이 부리는 낙타는 한 마리가 대개 50킬로그램의 짐을 지고 10시간을 걸어 하루에 35~40킬로미터를 이동했습니다. 서사하라 사막을 횡단하여 1톤의 화물을 운반하기 위해서는 20마리의 낙타를 이용하여 8~10주를 걸어 뜨거운 사막을 여행해야 했습니다.

　또 다른 예가 있습니다. 1톤의 철광석을 바다에서 1만 킬로미터 운반하는 비용과 육상에서 100킬로미터 운반하는 비용은 거의 같습니다. 아시아에서 유럽까지 20톤의 화물을 적재하는 20피트짜리 컨테이너TEU의 해상운송 비용은 동일 구간 한 사람의 이코노미클래스 좌석 항공요금에 불과합니다.

대양 항해가 본격화되면서 한 번에 엄청난 양의 화물을 싣고 저렴한 비용으로 정해진 기일 내에 다른 대륙으로 운송할 수 있게 되었습니다. 이로써 전 지구적인 무역이 가능해지고 국제경제가 통합되면서 글로벌 경제가 탄생할 수 있었습니다.

해상운송의 가치

해상운송의 가장 큰 이점은 다른 운송 수단에 비해 저렴한 비용으로 대량의 화물을 수송할 수 있다는 것입니다. 해상운송은 전 세계 교역량 중 총량 기준으로 90퍼센트, 가치 기준으로는 70퍼센트를 차지하고 있습니다.

탈냉전 및 세계화라는 국제 정치 질서 변화 속에서 오늘날 세계 경제는 60퍼센트 정도가 통합되어 있습니다. 이 과정에서 해운이 아주 중요하고 효과적인 역할을 했습니다.

해상운송은 글로벌 무역의 중추이자 동맥 역할을 하고 있습니다. 전 세계 무역품의 90퍼센트 이상이 선박으로 운송되고 있다는 사실이 이를 말해주고 있습니다. 해상 운송량은 연평균 2~3퍼센트 지속적으로 증가하면서 2023년에는 122억 톤에 이르렀습니다. 선박을 통해 세계 각지에 에너지 자원, 곡물, 광물, 원자재, 공산품 등을 운송하는 해상운송은 글로벌 공급망의 핵심입니다.

해상운송은 글로벌 무역의 중추이자 동맥 역할을 하고 있다. (사진:Shutterstock)

안정적인 해상운송이 방해받으면 운송 비용, 시간 증가와 공급 차질을 빚게 되고, 세계 경제와 무역은 원가, 무역비용 상승 등 직접적인 악영향을 받습니다.

주요 해상관문인 파나마운하에서 가뭄 때 수위 저하로 인한 통항 제한, 수에즈운하의 선박사고로 상당 기간 통항 폐쇄, 홍해에서 후티 반군의 공격으로 인한 선박의 희망봉 우회, 러시아-우크라이나 전쟁으로 인한 흑해 통항 차질로 화물 수송 지연, 운임 상승 등이 그 예입니다.

늘어나는 해상운송

세계화와 국제경제의 통합도가 커지면서 해상운송 의존도는 더욱 커지고 있습니다. 항공이나 육상운송에 비해 저렴한 비용상 이점 외에 해상수송의 비중이 크게 늘어나게 된 다른 요인은 무엇이 있을까요.

첫째, 무엇보다 세계화에 따른 무역량 급증을 꼽을 수 있습니다. 전 세계 무역량은 2024년 33조 달러를 기록했습니다. 전년에 비해 1조 달러가 늘어났습니다. 전 세계 무역량은 연평균 3.3퍼센트 증가해 오고 있습니다.

둘째, 경제성장에 따른 선진국 및 중국, 인도와 같은 신흥 경제대국의 에너지 및 자원 수요 증가를 들 수 있습니다. 이들 국가가 필요한 에너지와 자원들은 대부분 멀리 떨어져 있는 국가들로부터 해상수송을 통하여 수입되고 있습니다.

셋째, 해상수송 수요 증가, 선박 대형화, 기술 발전 등으로 해상수송에서 규모의 경제가 실현되면서 수송비용이 저렴해졌습니다.

넷째, 세금이 저렴한 국가에 선박등록을 할 수 있는 편의치적선 Flag of Convenience 제도의 확산으로 선진국의 싼 자본비용과 개발도상국의 값싼 선원노동력을 결합할 수 있게 되었습니다.

가속화되는 경제 통합과 상호의존성이 커지는 글로벌 경제 환경 속에서 해상수송의 증가 추세는 지속되고, 그 중요성은 더욱 커질 것으로 전망됩니다. 특히 개발도상국의 경제성장이 빠르게 이루어지면서 해상수송에서 이들이 차지하는 비중이 점차 커지고 있습니다.

글로벌 해운선사

세계 각 지역에서 국제무역에 종사하는 해운선사는 헤아리기 어려울 정도로 많이 있습니다. 그러나 대륙으로 연결된 다양한 노선에서 전 세계를 무대로 운송 서비스를 하는 선사는 수백 개에 불과합니다.

그중에서도 상위 10개 글로벌 해운사Shipping Companies에 의해 전 세계 해상운송의 85퍼센트가 이루어지고 있습니다. 세계 해상무역은 사실상 대형 상선과 화물선을 보유하며 전 지구적 운송망을 확보하고 있는 글로벌 해운사에 의해서 이루어지고 있습니다.

그러면 글로벌 해운사의 순위는 어떻게 매겨질까요. 해운사 규모를 평가하는 일반적인 기준은 '배에 실을 수 있는 화물 총량'을 의미하는 '선복량Cargo Volume'을 기준으로 합니다. 운송할 수 있는 20피트 컨테이너TEU 총량이 그 해운사의 선복량입니다. 해운 컨설팅 업체 알파라이너Alphaliner의 자료에 의하면 2025년 2월 기준 상위 10개 글로벌 선사는 다음 표와 같습니다.

글로벌 해운선사 중 세계 1위는 MSCMediterranean Shipping Company가 차지하고 있습니다. 오랜 기간 1위 자리를 차지하고 있던 덴마크의 머스크Maersk는 1위와 상당 격차를 두고 2위로 밀려났습니다.

순위	선사(국가)	선복량(TEU, 백만)	점유율(%)
1	MSC(스위스)	6.39	20.3
2	Maersk(덴마크)	4.49	14.2
3	CMA CGM(프랑스)	3.86	12.2
4	COSCO(중국)	3.33	10.6
5	Hapag-Lloyd(독일)	2.36	7.5
6	ONE(일본)	1.97	6.2
7	Evergreen(대만)	1.78	5.6
8	HMM(한국)	0.91	2.9
9	ZIM(이스라엘)	0.78	2.5
10	Yang Ming(대만)	0.71	2.3

MSC는 이탈리아 나폴리에서 설립되었지만, 지금은 스위스 제네바에 본사를 두고 있습니다. 바다가 없는 스위스에 세계 최대의 해운선사가 있다는 사실이 흥미롭습니다. 스위스는 내륙국임에도 화물 운송 수요가 많고 제네바가 상업이 발달한 주요 원자재 시장이라는 점 때문에 이전을 하였다고 합니다. MSC는 880여 척의 선박으로 전 세계 215개 무역노선과 500개 이상에서 서비스를 제공하고 있습니다.

전신이 현대상선인 HMM은 2017년 세계 7위였던 한진해운이 파산한 후 한국의 최대 해운선사로 올라섰습니다. 선복량 90만 6천 TEU를 보유하고 있는 세계 8위의 글로벌 해운선사입니다.

글로벌 국적선사를 보유하고 있다는 것은 무역 경쟁력에 있어서 큰 이점입니다. 우리나라가 무역 강국으로 성장할 수 있었던 중요한 요인의 하나로 글로벌 국적선사를 보유하고 있다는 점을 들 수 있습니다. 국적선사에 의해 안정적인 해운 서비스를 제공받을 수 있다는 것이 무역 경쟁력을 높이는 요인이었습니다.

글로벌 해운선사 한진해운이 금융 논리로 해체된 것은 두고두고 아쉬운 부분입니다. 무역으로 먹고사는 우리에게 있어서 글로벌 국적선사의 존재는 결코 금융 논리로 대신할 수 없는 것이기 때문입니다.

• • •
해운동맹의 발전

해외여행을 위해 국제선 비행기를 탈 때 제일 관심이 가는 것 중의 하나가 요금, 기내서비스 등과 함께 마일리지 혜택일 것입니다. 적립된 마일리지를 잘 활용하면 좌석을 업그레이드하거나, 항공권 구매에 유용하게 쓸 수 있습니다.

하늘에는 '항공동맹Airline Alliance'이라는 항공사 간의 연합체가 형성되어 있습니다. 항공사들이 모든 국가, 모든 노선을 다 운항할 수 없기 때문에 동맹 관계에 있는 항공사 간 서로 취항하지 않는 지역을 대신 운항하거나 노선이 겹치지 않도록 조정하여 운항합니다.

인천에서 뉴욕으로 갈 때 국적 항공사인 대한항공으로 예약을 해도 미국 항공사인 델타항공 비행기를 타고 가는 경우가 바로 여기 해당합니다. 이를 '공동운항' 또는 '코드 셰어Code Share'라고 합니다.

이렇게 함으로써 항공사는 비용을 절감할 수 있고, 승객은 비용

절감에 따라 항공료 인하 혜택을 누릴 수 있습니다. 항공동맹 관계에 있는 항공사들은 서로 라운지나 마일리지를 공유한다든지 서비스를 공동 개발하기도 합니다.

바다에서는 훨씬 오래전부터 '해운동맹Shipping Alliance'이 있었습니다. 유럽에서 선사들은 과당 경쟁으로 인한 피해를 막기 위해 전통적으로 배타적인 카르텔을 형성해 왔습니다. 동맹 선사들은 화주와 독점 운송계약을 맺고 동맹 회원 이외의 배에는 화물을 싣지 않는 대신 운임을 할인해 주는 구조였습니다.

유럽 해운동맹의 역사는 13~17세기 '한자동맹Hanseatic League'으로 거슬러 올라갈 수 있습니다. 한자동맹은 북해·발트해를 중심으로 해운업과 무역업을 하는 상인들의 조합이었습니다. 주로 해상교통의 안전을 보장하고 해적 등 위협으로부터 공동 방어와 상권 확장이 목적이었습니다. 이후 한자동맹은 독일과 북유럽의 200여 개의 도시동맹으로 발전했습니다.

••• 글로벌 해운동맹

해운동맹의 전통은 오늘날에도 이어지고 있습니다. 해상운송의 규모와 범위가 중세 시대와 비교가 불가할 정도로 커진 오늘날은 해운동맹의 중요성은 더욱 커지고 있습니다.

하늘과 마찬가지로 선사들이 동맹을 맺는 것은 완전 경쟁 체제인 해운시장에서 효율성을 극대화하고 수송 원가를 절감하려는 생존전략입니다. 취항하지 않는 항로나 선박을 공유하거나 중복된 항로에서 무한경쟁을 피해 물량을 공유하는 방식입니다. 이렇게 함으로써 선사들은 더 많은 노선을 안정적으로 운영할 수 있고, 초대형 선박을 함께 사용하면서 건조비용과 물류비용을 줄일 수 있습니다.

글로벌 해운 시장에서는 전체 선복량의 60퍼센트 가까이 차지하는 MSC스위스, 머스크덴마크, CMA CGM프랑스, COSCO중국 네 개 해운사를 중심으로 치열한 경쟁과 함께 합종연횡이 이루어지고 있습니다.

지난 수년간 세계 해운 시장은 글로벌 3대 해운동맹 체제로 운영되었습니다. 머스크와 MSC가 최대 해운동맹을 이룬 '2M', CMA CGM과 COSCO의 '오션동맹Ocean Alliance', 하파크-로이트Hapag-Lloyd와 양밍Yang Ming이 속한 '얼라이언스The Alliance'의 해운동맹이었습니다.

머스크, MSC, CMA CGM은 한때 훨씬 강화된 해운동맹을 추진하다 중국의 강력한 반대에 부딪혀 무산된 적이 있습니다. 항로와 항만을 공동 사용하는 동맹에서 나아가 선박과 터미널을 공동 운영하고, 선박 연료를 공동 구매하는 등 보다 적극적인 개념이었습니다.

해운 경기 침체 등 글로벌 해운 환경이 급변하면서 기존 해운동맹이 재편되며 새로운 해운동맹이 출범했습니다. 머스크와 MSC의 오랜 동맹이 해체되고, 최대 해운선사 MSC는 동맹을 맺지 않는 독자 노선을 택했습니다. 대신 머스크는 하파크-로이트와 손을 잡고 새로운 해운동맹인 '제미니 협력Gemini Cooperation'을 결성했습니다.

'오션동맹'은 동맹 기한을 5년 더 연장하기로 했습니다. '얼라이언스' 동맹은 하파크-로이트가 탈퇴하고 HMM 한국, ONE 일본, 양밍 대만이 '프리미어 얼라이언스Premier Alliance'를 새롭게 결성했습니다.

글로벌 해운선사들은 무한경쟁을 벌이고 있습니다. 선박 대형화와 연료 효율화를 통해 비용을 절감하고, 노선·선박·항만 터미널을 공유하는 동맹을 맺어 무한경쟁에서 살아남기 위해 사투를 벌이고 있습니다.

자유로운 해상관문 통항을 위한 국제법

오랜 해양의 역사에서 '자유로운 항해'는 해양국들이 추구한 최고의 목표이자 바다의 이용에서 지배적인 가치였습니다. 연안의 제한된 해역에 대한 연안국의 배타적 관할권을 부여하더라도, 전통적인 해양 강국들에 있어서 협소한 해상관문에서 상선의 자유로운 통항과 군함의 기동은 결코 양보할 수 없는 것이었습니다.

이런 배경 때문에 1982년 유엔해양법협약이 성립되기 전에도 개별적인 국제협약을 통해 해상관문에서 상선과 군함의 자유로운 통항을 보장하기 위한 장치가 마련되었습니다. 터키해협은 '몽튀르 협약1936', 발트해와 북해 사이의 덴마크해협은 '코펜하겐 협약1857' 등이 그것입니다.

국제운하는 자연수로는 아니지만 수에즈운하는 '콘스탄티노플 협약1888', 파나마운하는 미국과 파나마 사이의 두 개 조약에 의해 모든 국가의 선박에 자유로운 통항을 허용하고 있습니다.

유엔해양법협약은 연안국의 영해에 속하는 '국제해협'에서 자유로운 통항을 보장하는 '통과통항Transit Passage' 제도를 규정하고 있습니다. 통과통항은 국제해협에서 군함과 군용기를 포함한 모든 선박과 항공기가 방해받지 않고 자유로운 통항과 상공 비행의 자유를 행사할 수 있는 권리입니다.

잠수함이 타국 영해를 통과할 때 수면에 부상해야 하는 것과 달리 국제해협에서는 수면 위로 부상하지 않고 수면 하에서 운항할 수 있습니다. 국제해협을 통과 중인 선박과 항공기는 불가항력인 경우를 제외하고 '계속적Continuous'이고 '신속하게Expeditious' 해협을 통과해야 합니다.

국제해협의 통과통항제도는 유엔해양법협약 성립 당시 연안에 대한 배타적 관할권을 확대하려는 개발도상국과 자유로운 항해와 해군의 기동력을 확보하려는 선진 해양국들의 이익이 첨예하게 대립하면서 타협한 결과물입니다.

컨테이너 혁명

현대 해운의 역사에서 가장 큰 영향을 미친 것의 하나로 '컨테이너화Containerization'를 꼽을 수 있습니다. 컨테이너화는 컨테이너에 내장 화물을 적재하여 운송하는 시스템을 총체적으로 일컫는 말입니다.

컨테이너화는 '물류 혁명'이라 불릴 만큼 물류 수송의 모든 분야, 특히 해운에서 가히 혁명적인 변화를 몰고 왔습니다. 컨테이너 수송으로 대량·고속 운송이 가능해지고 육운과 해운을 지체 없이 연결해 줌으로써 운송 비용과 시간이 획기적으로 줄었기 때문입니다.

컨테이너화 이전에는 일반화물 선박의 경우 하역 시간이 전체 운항 시간의 40~50퍼센트, 하역비가 전체 운송 비용의 60퍼센트에 달할 정도로 대부분의 해상운송 비용이 항만 하역 작업 과정에서 발생했습니다.

화물을 배의 선창 내에 싣기 위해서는 20~22명의 하역부가 필요했지만, 컨테이너화가 된 후 많은 수의 하역부가 더 이상 필요 없게 되었습니다. 항만 작업은 자연히 노동 집약적인 방식에서 자본 집약적이고 기계화로 전환되었습니다.

현대 해운의 역사에서 가장 큰 영향을 미친 것의 하나로 '컨테이너화(Containerization)'를 꼽을 수 있다. (사진:Shutterstock)

국제무역에서 컨테이너 운송은 1966년 미국과 유럽을 오가는 항로에서 처음 시작되어 1970년대 초 국제항로에서 일반화되었습니다. 오늘날 전체 해운 화물에서 컨테이너 선박이 운송하는 화물량은 가치 기준으로 52퍼센트를 차지하고 있습니다.

이것은 1980년에 비해 8배가 증가한 것입니다. 공산품뿐만 아니라 커피와 같은 농산품, 과일, 육류, 수산물도 냉동 컨테이너로 운송되기 때문에 컨테이너 수송 비율은 계속 증가하고 있습니다.

최근에는 하역 처리 크레인을 장착하지 않은 컨테이너선이 크레인을 갖춘 선박에 비해 6배가 많을 정도로 대세를 이루고 있습니다. 이러한 추세는 컨테이너 부두에 하역 처리 설비를 충분히 갖출 수 없는 소규모 항만이나 개발도상국에는 큰 위협 요인이 되고 있습니다.

신 해상 실크로드 '북극항로'

지구온난화로 수십억 년 동안 쌓여 있던 북극해의 빙하가 녹으면서 새로운 바닷길이 열리고 있습니다. 미국 콜로라도대학의 연구 결과에 의하면 2015년 2월 북극해를 덮은 겨울 얼음의 면적은 1450만 제곱킬로미터로서 위성 관측이 시작된 1979년 이래 최소였다고 합니다. 1975년에 비하여 65퍼센트에 불과한 정도입니다.

이처럼 빠른 속도로 진행되는 북극해의 해빙은 인류에게 북극항로Northern Sea Route, 에너지·자원 개발 등에 새로운 기회를 주고 있습니다. 미국 지질연구소의 조사에 의하면 북극해는 전 세계 미발견 석유의 20퍼센트가 부존해 있습니다. 그리고 연간 총 어획고는 전 세계 어획량의 약 40퍼센트를 차지할 만큼 자원의 보고로 알려져 있습니다.

그러나 무엇보다 '신 해상 실크로드'라고 불리는 북극항로의 개척은 세계 해운·물류의 역사에 기념비적인 사건이 되고 있습니다. 특히 무역으로 살아가는 우리에게 북극항로의 개척은 미주나 유럽에 도달하는 항해 거리를 획기적으로 단축시킬 수 있기 때문에 무역비용 절감은 무역 경쟁력 향상으로 이어질 수 있습니다.

예컨대 부산에서 네덜란드 로테르담으로 가는 길을 새로운 북극항로를 이용할 때 기존 수에즈운하를 이용하는 항로에 비해 약 7천 킬로미터를 단축시킬 수 있습니다. 이 항해 거리는 10일 정도의 항해 거리에 해당합니다.

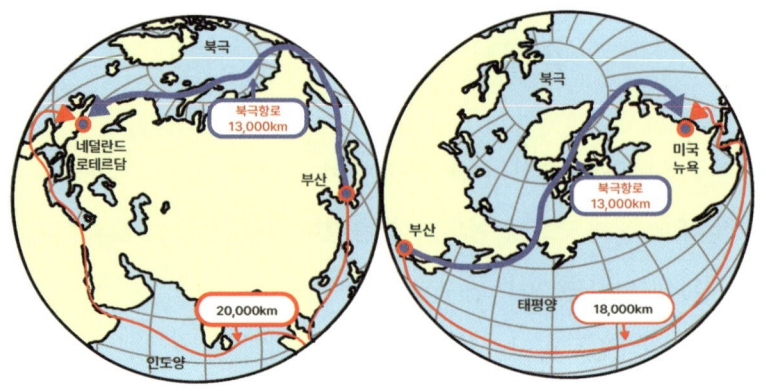

좌: 기존 수에즈운하 경유 항로와 북극항로 비교. 7,000km(10일) 단축 효과가 있다. 우: 기존 파나마운하 경유 항로와 북극항로 비교. 5,000km(6일) 단축 효과가 있다.

아직 북극항로는 경제성을 조사하는 시험 단계이지만, 그간 진행된 시험운항 결과는 본격적인 북극항로 시대의 개막이 멀지 않았음을 보여줍니다. 2013년 9월 북극해의 러시아 우스트루가항에서 출항한 화물선이 4만 4천 톤의 화물을 싣고 35일쇄빙선의 도착 지연으로 운항일수가 5일 늘어난 것을 제외하면 실제 운항일수는 30일 만에 1만 5천 킬로미터를 항해하여 광양항에 입항했습니다.

수에즈운하를 경유하는 경우 42일이 걸리는 것에 비하면 12일이나 단축되는 것입니다. 거리 단축에 따른 유류비 절감, 선원 인건비와 용선료 절감 등 운항비용이 대폭 낮아져 경제성에서 충분히 경쟁력이 있다는 것을 보여주었습니다.

북극항로가 본격화되면 북방 항로의 중요성이 커질 것입니다. 지금까지 동중국해 → 남중국해 → 말라카해협 → 인도양 → 수에즈운하 → 지중해 → 유럽으로 이어지는 남방 항로가 우리나라의 주된 무역 루트였습니다. 그러나 동해 → 쓰가루해협 → 베링해를 거쳐 북극해로 들어가는 북극항로가 이를 대체할 수 있습니다.

미국 동부의 뉴욕으로 가는 경우 태평양을 횡단하여 파나마운하를 통과하는 기존의 항로 대신 북극항로를 이용하면 항해 거리를 5천 킬로미터가량 줄일 수 있고, 운항일수는 6일 정도 단축할 수 있는 것으로 분석되고 있습니다.

이렇게 되면 무역비용이 크게 줄어들고 결과적으로 수출품의 가격경쟁력 향상 효과로 이어질 수 있습니다. 또한 부산항이나 동해의 항만은 지리적 이점으로 중국과 일본, 대만과의 환적화물 유치 경쟁에서 우위를 차지할 수 있습니다.

부산항은 유럽과 미주로 가는 선박들의 환적항으로 번성하고 있는 싱가포르처럼 북극항로를 이용하는 화물의 환적지가 될 수 있는 지리적 위치이기 때문입니다. 부산항이 최대 북극항로 환적항만으로 번성하는 날을 기대해 봅니다.

북극항로의 과제

북극 정책은 정부 간 협의체인 '북극이사회 Arctic Council'에서 논의하고 있습니다. 미국·캐나다·러시아·노르웨이·덴마크·스웨덴·핀란드·아이슬란드 등 8개국의 정회원국과 한국·일본·중국·영국·독일 등 12개국의 옵서버 국가가 있습니다. 이들 국가 사이에 북극항로의 주도권을 확보하기 위한 경쟁이 뜨겁습니다.

특히 러시아는 핵잠수함으로 대륙간 탄도미사일 발사실험을 하고 북극 사령부를 창설하는 등 북극 군사력을 강화하는 움직임을 보이고 있습니다. 또한 기후 온난화로 북극권 국가에서는 영구 동토층이 녹으면서 그 위에 세워진 건물이나 교량의 안전을 위한 유지·보수·재건축 등 인프라 건설 붐으로 이어지고 있습니다.

그러나 북극항로가 가져올 수 있는 막대한 경제적 이점에도 불구하고 상용화되기 위해서는 앞으로 극복해야 할 과제가 많이 있습니다. 일반 항로와 달리 기상 변화가 무쌍한 북극항로에서 항행 선박의 안전을 어떻게 확보할 것인가 하는 것이 가장 중요한 과제입니다.

또한 극한 기상 조건에서 사고가 발생하는 경우 조난 선박에 대한 수색 및 구조를 어떻게 할 것인가 하는 문제도 같은 이유로 중요한 문제입니다. 북극항로 이용국은 북극항로 연안국의 수색구조에 의존할 수밖에 없습니다. 그러나 북극항로는 항로의 범위가 광대해서 소수 연안국가의 수색구조 역량에 전적으로 의존하기에는 한계가 있습니다.

북극항로는 대부분 러시아 EEZ에 속하는 해역입니다. 이에 따라 선박 사고 시 러시아와 다른 국가의 관할권 문제나 정치적 상황에 따라 항로 폐쇄 등의 문제가 발생할 수 있습니다.

이와 함께 새롭게 개척되는 북극항로가 본격화되기 위해서는 많은 준비가 필요합니다. 그중에서도 북극항로 운항 경험 축적, 혹한에 견딜 수 있는 내빙 유조선 개발, 쇄빙선 추가 건조, 극지 운항 규정 Polar Code에 의한 상선 건조 등의 준비가 무엇보다 시급한 과제입니다.

　이러한 이유로 장밋빛 전망에도 불구하고 북극항로가 본격적으로 이용되기까지는 해결해야 할 많은 과제와 함께 상당한 시간이 걸릴 전망입니다.

7.
청색경제 해양산업

청색경제

　장기적인 경기침체와 저성장의 늪에서 벗어나지 못하고 있는 세계 경제가 미래의 산업 성장동력으로서 해양산업에 주목하고 있습니다. 미국, EU 등 해양 선진국들은 미래 산업자원의 보고로서 해양의 잠재력에 주목하고, 전통적인 해양산업인 해운·조선·물류·항만에서 해저자원·해양에너지·해양바이오·해양서비스 등 미래 해양산업 분야로 연구와 투자를 확대하고 있습니다.

　새로운 해양산업이 제시하는 해양정책 비전으로서 '해양 기반 경제'를 의미하는 '청색경제 Blue Economy'라는 개념이 사용되고 있습니다. 이것은 전통적인 해양산업 기반의 '해양경제 Ocean Economy'와 구별되는 개념입니다. 전통적인 해양산업에 첨단 과학기술을 접목하여 지속 가능한 발전을 할 수 있는 경제체제를 말합니다.

신해양산업은 새로운 분야가 지속적으로 발굴되고 첨단 과학기술이 적용되면서 새로운 수요가 창출되는 '블루오션'입니다. 해양 선진국들은 해양산업을 미래 전략산업으로 집중 육성하여 새로운 성장엔진으로 삼고 있습니다. 이들은 해양산업이 창출하는 새로운 시장을 선점하기 위해 심혈을 기울이고 있습니다. EU는 해양산업을 미래의 전략산업으로 특화시켜 해양 기반의 지속 가능한 '청색성장Blue Growth'이 미래 경제성장을 이끌 수 있도록 하겠다는 목표를 제시하고 있습니다.

해양산업이 새로운 시장을 창출하는 사례를 하나 소개하겠습니다. 지능형 항해 장치, 즉 자율운항 선박 장치입니다. 이것은 목적지 항구까지 최적의 항로를 실시간으로 안내해 주는 것으로서 자동차의 내비게이션과 같은 기능입니다.

현재 이 기술의 개발을 위해 10여 개국과 수십 개 업체가 참가하여 연구에 매달리고 있습니다. 이들이 개발한 기술이 전자 항해의 세계적 기술 표준으로 채택되면 수조에서 수십조 원의 부가가치를 창출할 수 있습니다.

해양산업은 다양한 분야들이 서로 밀접하게 연결되어 있는 융합산업으로서 산업 간 시너지 효과가 사회간접자본SOC과 비교해 큰 것으로 나타나고 있습니다. 해양산업 생산량이 100달러 증가하는 경우 생산유발효과는 59달러로서 58달러인 SOC 산업에 비하여 높은 것으로 나타나고 있습니다.

선도형 산업

해양산업은 신규 분야가 많고 신기술 적용이 가능한 '선도형Trend-Setter' 산업입니다. 해양산업의 성장 잠재력은 무궁하기 때문에 기존 산업을 '따라잡기Catch-Up'하는 것이 아니고 신산업 발굴을 통해 신기술 적용이 가능합니다.

세계 해양산업의 시장규모는 약 2.6조 달러에 달합니다. 해양산업의 GDP 규모는 세계 총생산량의 5~10퍼센트 정도를 차지하고 있는 것으로 분석되고 있습니다. 세계 해양산업의 연평균 성장률2010~2020, 산출액 기준은 약 4.7퍼센트로서 세계 GDP 성장률 3.2퍼센트를 크게 웃도는 고도성장을 할 것으로 전망되고 있습니다.

해양에너지·자원개발·해양바이오 산업 등 신산업 분야에서 급격한 성장으로 시장규모가 약 4.1조 달러로 성장할 것으로 전망되고 있습니다. 특히 해상풍력발전, 해양에너지 등과 같은 신흥 산업군의 예상 성장률이 매우 높게 나타나고 있습니다.

해양 신산업 분야는 해양산업 성장률 약 4퍼센트에 비해 향후 10년간 약 20퍼센트로 분석되고 있습니다. 신산업들은 시장규모가 매우 작고 성공 여부도 불확실한 면이 있지만, 현재 상업화 개발이 추진되고 있거나 대규모 투자가 이루어지고 있는 분야로서 향후 성장 가능성이 높습니다.

중국은 해양산업을 미래 전략산업으로 육성하기 위해 발 벗고 나서고 있습니다. '해양굴기'를 내세우며 현재 9.6퍼센트 수준인 해양산업의 GDP 비중을 2030년까지 20퍼센트까지 끌어올리겠다는 비전을 제시하고 있습니다.

우리나라는 세계 기준으로 12위의 해양력을 갖고 있습니다. 전체 산업에서 해양산업이 차지하는 비중은 산출 규모 기준으로 약 4.2퍼센트입니다. 우리나라 해양산업의 가장 뚜렷한 특징은 선박·플랜트 제조업과 해운산업이 절대적인 위치를 차지하고 있다는 점입니다.

세계 해양산업 전체에서 선박·플랜트 제조업이 차지하는 비중은 6퍼센트에 불과하지만, 우리나라의 경우 40퍼센트에 이릅니다. 해양산업 비중을 확대하는 것이 필요하지만, 조선 및 해운·물류 산업 중심의 과다한 비중을 개선할 필요성이 제기되고 있습니다.

우리나라의 경우 해양산업 전체에서 선박·플랜트 제조업이 차지하는 비중이 40퍼센트에 이른다. (사진:Shutterstock)

해양산업은 미래 우리나라 경제성장의 한 축을 이끌어 갈 핵심 인프라가 될 수 있습니다. 해양산업 분야에는 계속해서 새로운 블루오션 시장이 열리고, 해양바이오·에너지·관광 등 많은 부가가치를 창출할 수 있는 분야가 열려 있기 때문입니다.

삼면이 바다인 지리적 여건을 잘 활용하고 우리나라의 강점인 IT기술을 해양기술과 잘 융합시키면 해양산업은 한국을 먹여 살릴 수 있는 미래 핵심 성장동력이 될 수 있는 잠재력이 충분합니다.

"대한민국은 철갑선을 만든 나라입니다"

대한민국은 명실상부한 세계 제1위의 조선 강국입니다. 우리나라 조선사가 전 세계 조선소 순위에서 1위에서 5위까지 차지하고 있습니다. 1970년대 선박 한 척 수출하기에 급급했던 한국이 1993년 일본을 제치고 처음으로 수주량 세계 1위를 차지했습니다. 2003년부터는 수주량, 건조량, 수주잔량에서 세계 1위를 달성하면서 명실상부하게 세계 1위의 조선 강국으로 올라섰습니다.

조선 인력 양성할 대학 하나 없던 척박한 여건 속에서 어떻게 단기간에 조선 대국의 지위에 올라설 수 있었을까요. 무엇보다 조선업이 기계·운송·항만 산업 등 전후방산업 연관효과가 크다는 점과 일자리를 많이 창출하며, 국방을 위해서도 꼭 필요하다는 점을 알고 추진한 지도자의 혜안을 들 수 있습니다.

조선산업은 1970년대 중화학공업 중심 경제개발계획의 핵심 사업 중 하나였습니다. 박정희 정부는 세금 감면, 금융 지원 등을 하며 조선산업을 국가적 사업으로 육성했습니다.

다음으로 기업가의 불굴의 도전정신을 들 수 있습니다. 5개년 경제개발계획을 시작한 박정희 대통령은 정주영 현대 회장에게 조선업 창업을 제안했습니다. 건설업을 하던 정주영 회장은 처음에 고사했으나 박 대통령의 간곡한 요청에 조선업에 도전하기로 했습니다. 자본도, 조선소도, 기술도 없던 정 회장에게 조선업을 시작한다는 것은 그야말로 맨땅에 헤딩하는 식의 무모하기 그지없는 일이었습니다.

조선업에 뛰어들기로 했지만 돈이 있어야 조선소를 짓고, 수주를 하고, 배를 만들 텐데 그럴 돈이 없었습니다. 없는 돈은 외국에서 빌려야 했습니다. 돈을 빌리기 위해 정주영 회장은 기발한 발상과 과감한 도전정신으로 '500원 지폐' 신화를 썼습니다.

배 한 척 만들어본 적 없고, 이름도 없는 기업에 돈을 빌려주겠다는 나라는 한 곳도 없었습니다. 벼랑 끝에 선 심정으로 정주영 회장은 울산 백사장 사진과 5만 분의 1 지도, 외국서 빌린 설계도면, 그리고 이순신 장군과 거북선이 그려진 500원 지폐를 들고 영국으로 달려갔습니다.

현대의 조선 능력을 의심하는 은행 평가 책임자 앞에 500원 지폐를 내놓고 "한국은 1500년대에 이런 철갑선을 만든 실적과 역량이 있는 나라입니다. 영국의 조선 역사가 본격적으로 시작된 것이 1800년이니, 한국은 300년이나 앞선 셈입니다. 한국의 잠재력을 믿고 도와주십시오."

정주영 회장의 진심 어린 호소와 열정에 감명받은 평가 책임자는 긍정적인 보고서를 작성해 주었고, 돈을 빌리는 데 큰 힘이 되었습니다. 어렵사리 돈을 빌리는 데 성공했지만 다음은 만들 배를 수주하는 것이었습니다.

유럽 선주들에게 울산 미포만의 모래밭 사진과 영국의 한 조선소에서 빌린 26만 톤급 유조선 설계도면을 내놓고 '마케팅'을 펼쳤습니다. 지금 봐도 너무나 황당한 행동이었습니다.

조선소도 없는데 돈을 빌려 조선소를 짓고 배를 만들어주겠다고 하니 현대판 '봉이 김선달'과 다름없었습니다. 황당해 보이기 그지없었지만, 그의 열정과 진심을 믿은 그리스의 거물 해운업자가 26만 톤급 유조선 두 척을 주문했습니다.

이로부터 4년 후인 1974년 현대중공업은 수주한 유조선 두 척을 성공적으로 건조하고, 울산 미포 조선소의 준공식도 함께 가졌습니다. 세계 조선업 역사상 유례가 없는 일이었습니다. 현대중공업은 유조선 두 척을 수주한 이후 불과 10년여 만에 세계 제1위의 조선소로 올라섰습니다. 이렇게 한국 조선업의 신화가 시작되었습니다.

한국을 먹여 살리는 곳

한국은 2024년 고난도 기술과 부가가치가 높은 대형상선·해양플랜트 위주로 수주하여 선박 부가가치, 건조 난이도를 고려한 '표준환산톤수CGT' 기준 수주량에서 1위를 차지했습니다. 전 세계 수주량의 45퍼센트에 해당하는 수준입니다. '국내 조선소 순위가 세계 조선소 순위'가 되는 조선산업의 신화가 계속되고 있습니다.

지난 수년간 곡물, 광물 등을 운반하는 벌크선 중심의 중국에 수주량에서 줄곧 밀려 왔었습니다. 최대 호황을 구가하던 한국 조선산업은 2008년 금융위기 이후 암흑기라 할 수 있는 심각한 위기를 맞았습니다. 조선업 호황기에 과잉 설비투자, 국내 선사 간 과당 경쟁과 함께 중국의 강력한 추격, 세계 경제의 장기간 불황을 원인으로 들 수 있습니다.

이후 미·중 무역 갈등과 친환경 선박 수요 증가에 힘입어 2018년 이후 국내 조선사에 선박 발주가 늘어나면서 한국은 중국을 제치고 다시 수주량 세계 1위를 탈환했습니다. 또한 대형 LNG 운반 선박, 대형 컨테이너선, 초대형 유조선VLCC 등 고부가가치 선박과 친환경 연료 선박은 전 세계 발주량의 65퍼센트와 64퍼센트를 수주21년 기준하며 세계 1위를 차지했습니다.

수년 전 현대중공업을 방문했을 때 느낀 소감입니다. 조선소에 들어서면서 마주친 거대한 크레인과 도크, 선박 골조, 대형 엔진, 장비 그리고 광대한 규모의 조선소에 놀랐습니다. 드넓은 조선소 곳곳에서 일하는 수만 명의 근로자들을 보면서 '이곳이 한국을 먹여 살리는 곳이구나' 하는 뭉클한 감동을 받았던 기억이 있습니다. 수많은 사람들의 일자리를 만들고 연관 산업에 미치는 효과를 고려하면 고용 창출 및 연관 산업 효과는 다른 산업에 비할 바가 아니라는 생각이 들었습니다.

수년 전 현대중공업을 방문했을 때 '이곳이 한국을 먹여 살리는 곳이구나' 하는 뭉클한 감동을 받았던 기억이 있다. (사진:Shutterstock)

선박은 약 10만 개의 부품으로 구성되어 있습니다. 선박 엔진만 약 1만 5천 개의 부품으로 이루어져 있습니다. 조선은 전방산업과 후방산업이 결합된 전후방산업으로서 동반성장 산업입니다. 그만큼 다른 산업에 미치는 연관효과가 크다는 의미입니다.

조선산업의 고용유발계수는 12.0입니다. 조선산업의 총생산액이 10억 늘어나면 12명의 새로운 일자리가 생긴다는 의미입니다. 자동차 10.7, 반도체 4.3, 석유제품 1.3에 비해 고용유발효과가 훨씬 높게 나타납니다.

조선산업은 자원 빈국 한국이 짧은 기간에 세계가 놀라는 경이로운 경제성장을 할 수 있게 한 핵심 성장엔진이었습니다. 세계 10위권의 경제로 발전한 한국에서 조선산업은 여전히 중요한 수출산업입니다. 지금은 수출기여도가 5위로 밀려났지만, 조선업은 전체 수출의 3.9퍼센트를 담당하며 여전히 대한민국 경제의 근간이 되는 핵심적 수출산업입니다.

K-조선의 과제

해양에너지 개발이 더욱 활발해지고, 북극항로가 개척됨에 따라 혹한에 견딜 수 있는 특수선 건조의 새로운 시장이 열릴 것으로 예상됩니다. 새로운 조선 시장을 주도하기 위해서는 가스·석유 채굴 장비와 쇄빙선·내빙 LNG선 등 신분야에서 기술력을 차별화하고 부가가치를 높여 나가야 합니다.

한국은 해양플랜트 건조 부분에서는 세계 1위의 경쟁력을 가지고 있지만 원천기술과 설치·유지보수 등 서비스 기술은 극히 미흡합니다. 해양플랜트 기자재의 국산화율은 20퍼센트 수준에 불과하여 수주액의 절반이 곧바로 해외로 유출되는 상황입니다.

해양플랜트 기자재의 국산화와 서비스 기술력 향상, 전문인력 양성을 위한 정책지원과 조선업계의 과감한 도전이 없으면 해양플랜트 건조 세계 1위의 명성은 '빛 좋은 개살구'로 전락할 수도 있습니다.

현재 세계 조선 시장에서 핫한 분야가 '이중연료Dual Fuel 선박'이라 불리는 친환경 선박입니다. 이른바 '하이브리드 선박'입니다. 2024년 기준으로 우리나라 5개 조선소가 수주한 10척 중 6척이 이

중연료 선박일 정도로 조선업계의 대세입니다.

하이브리드 선박은 전통적인 선박 연료인 중유 외에 LNG, 암모니아, 메탄올 등 친환경 연료를 함께 쓸 수 있는 선박을 말합니다. 세계적으로 친환경 요구가 늘어나면서 바다에서도 선박이 배출하는 온실가스에 대한 규제가 강화되고 있습니다.

국제해사기구IMO는 2030년 선박 온실가스 배출량을 2008년 배출량의 80퍼센트로 줄이고, 2040년에는 30퍼센트, 2050년에는 제로로 만드는 목표를 설정하고 있습니다. 보통 선박 수명이 20~30년이기 때문에 지금부터 선사들이 친환경 선박 확보에 적극적으로 나서고 있습니다.

하이브리드 선박은 하나의 엔진에서 서로 다른 연료를 저장하고 사용할 수 있어야 하기 때문에 건조에 높은 기술력이 필요합니다. LNG를 중유와 함께 쓰려면 초저온에서 LNG를 액화 상태로 보관하는 기술이 필수입니다. 암모니아는 독성이 있고 금속을 부식시키는 성질 때문에 안전하게 처리하는 기술이 필요합니다.

또 하나의 엔진에서 여러 연료를 사용하려면 제어시스템을 만드는 기술력이 필요합니다. 이렇기 때문에 친환경 선박은 선박 건조 비용이 일반 선박에 비해 15퍼센트 정도 비싸지만 그만큼 부가가치가 높습니다.

기술력이 앞선 한국의 조선소들이 상대적으로 경쟁력을 가졌지만, 중국의 추격이 거세지고 있어 치열한 경쟁이 예상됩니다. 경쟁력 격차를 유지하는 길은 차세대 친환경 기술개발에 박차를 가하는 것입니다.

해양 강국은 '조선 강국'

조선은 매우 긴 역사 위에 세워진 산업입니다. 역사적으로 바다를 지배한 해양국들은 대부분 조선 강국이었습니다. 영국은 한때 전 세계 선박의 80퍼센트 이상을 건조한 적도 있습니다. 유럽에서는 전통적 해양 강국인 독일, 프랑스, 이탈리아, 네덜란드, 스페인, 덴마크 등이 모두 조선 강국이었습니다.

두 차례 세계대전 직후의 불황으로 영국과 미국의 많은 조선소가 폐업되면서 조선 대국의 입지를 잃은 후 일본이 그 자리를 이어받았습니다. 2000년대 한국에 1위 자리를 내주기 전까지 1950년대부터는 일본이 줄곧 세계 1위였습니다.

한국은 유럽과 일본이 장악하고 있던 조선 시장에 후발 주자로 참여했으나 2003년에는 일본을 제치고 수주량과 수주금액에서 세계 1위를 기록한 후 조선 대국의 지위를 이어나가고 있습니다.

트럼프 미국 대통령은 "미국 조선산업을 위해 한국의 도움과 협력이 필요하다", "한국의 세계적인 군함과 선박 건조 능력을 잘 알고 있으며, 보수·수리·정비MRO 분야에서도 긴밀하게 한국과 협력할 필요가 있다"라고 했습니다.

트럼프 대통령의 이 같은 요청은 두 가지 사실을 보여주고 있습니다. 하나는 조선 강국 한국의 위상과, 다른 하나는 20세기 중반까지 세계 최대의 선박건조 역량을 가졌지만, 지금은 쇠락한 미국 조선산업의 현실입니다.

미국은 제2차 세계대전 이후 제조업에서 서비스산업으로 산업의 중심이 이동하면서 제조업이 크게 쇠퇴하였습니다. 조선산업이 대표적입니다. 제2차 세계대전 기간 중 한 해 1천여 척 이상 상선을 건조하던 미국 조선소는 그 수와 건조 능력이 감소하여 이제는 다섯 곳의 조선소만 유지하고 있습니다. 각 조선소의 건조 능력도 한 해 1.3척에 불과한 실정입니다.

이러한 상황은 미 해군이 필요로 하는 군함을 건조할 수 없는 사정에까지 이르렀습니다. 군함을 건조할 능력을 갖춘 인력과 시설을 보유한 조선소가 미국에 없기 때문입니다.

중국과 패권경쟁을 벌이고 있는 미국은 군함 척수가 중국으로부터 추월을 당하자 위기감을 느끼고 있습니다. 심각한 것은 국제무역에 쓰이는 미국 상선 80여 척은 중국이 보유한 상선 5,500척의 1.5퍼센트에 불과한 수준이라는 점입니다.

· · ·

존스법과 미국의 해양력 위기

미국 조선산업의 쇠락 배경에는 자국 조선산업을 보호하기 위해 1920년에 제정한 존스법 Jones Act이 있습니다. 미국 내 화물 수송에 사용되는 선박은 미국에서 건조해야 한다고 하는 조선 독점법입니다. 미국 조선산업은 이 법에 따라 외국 업체와 경쟁을 피하고 독점적인 지위를 유지하게 되었지만, 서서히 경쟁력을 잃어가게 되었습니다.

미국 해운선사는 외국에서 건조한 값싸고 성능 좋은 선박 대신 비싸고 성능도 떨어지는 자국 선박을 써야 했습니다. 이러다 보니 운임이 올랐고, 해상운송 수요가 줄었습니다. 운송이 줄자 선박 발주량도 줄었습니다. 이러한 악순환이 지속되면서 조선 역량은 떨어지고 건조 비용은 계속 증가했습니다.

현재 미국에서 건조된 유조선 가격은 비슷한 유조선의 글로벌 건조 비용보다 4배, 컨테이너선은 5배가 비싼 실정입니다. 미국 조선소가 경쟁력을 잃어가면서 대형 상업 선박을 건조할 수 있는 조선소는 네 곳만 남았습니다.

미국은 중국의 해양 패권 추구에 맞서 쇠락한 조선산업을 재건하고, 해양산업과 공급망을 강화하기 위해 동맹국과 협력을 강화하려 하고 있습니다. 쇠락해진 미국의 조선산업은 해양 패권국 미국의 지위를 위협하는 지경에 이르렀습니다.

미국이 태평양, 대서양을 넘어 전 세계 바다로 영향력을 확대하던 시기에 알프레드 마한은 해군력 Naval Power이 아닌 해양력 Sea Power의 중요성을 주창했습니다. 해군력은 조선업과 해상운수 등 민간 해양산업의 두터운 기반 위에서 유지될 수 있다는 것입니다.

오늘날 조선산업 기반이 극도로 허약해진 미국은 마한의 시각에 의하면 해양력이 아닌 단순한 해군력만 존재하고 있는 위기를 맞고 있습니다.

'SHIPS'법(SHIPS for America Act)

트럼프 행정부가 내걸고 있는 미국 우선주의America First의 대외 정책적 특징은 미국으로 들어오는 외국 물품에 높은 관세를 부과하여 무역적자를 개선하고 자국 산업을 보호하겠다는 것입니다.

반도체, 자동차 등 대미 수출산업이 타격을 받을 수 있지만, 조선산업은 우리에게 새로운 기회가 열리고 있습니다. 미국이 추진하고 있는 조선산업과 해운력 강화 정책 때문입니다.

해양력 저하에 위기의식을 느낀 트럼프 행정부는 '미국의 번영과 안보를 위한 조선 및 항만 인프라법Shipbuilding and Harbor Infrastructure for Prosperity and Security for America Act, 약칭 'SHIPS for America Act''을 제정하여 상선대를 재건하고, 해양산업 부흥을 추진하고 있습니다.

'미국의 번영과 안보를 위한 조선 및 항만 인프라법'은 해양국가 미국을 재건하기 위해 해양정책에 대한 국가 차원의 감독체계와 자금지원, 국적선박의 국제적 경쟁력 강화, 조선산업 부활, 선원·조선 근로자 양성 등을 내용으로 하고 있습니다.

이 법의 뚜렷한 특징은 조선산업의 재건과 해양산업의 경쟁력 강화 그 자체보다는 이를 통한 미국 안보 강화에 목적을 두고 있다는 것입니다. 백악관에 '해양안보 보좌관Maritime Security Advisor'을 두고, 국가 해양 전략을 포함한 해양 문제 및 정책을 조정하도록 하고 있습니다. 해양안보 보좌관이 범정부적 조직인 '해양안보위원회Maritime Security Board'를 이끌면서 조선과 해양산업 관련 정책을 총괄하는 점에서 안보 강화 목적의 입법 취지가 분명히 나타나고 있습니다.

해양안보위원회는 해양산업 관련 연방기관의 대표로 구성되며, 해양안보 선대 규모 결정, 해양 인력 개발, 조선 및 해양산업 연구개발 우선순위 결정 등을 담당하는 등 해양산업, 조선·해운산업 정책의 최고 사령탑 역할을 하게 됩니다. 여기서 결정한 정책의 실행은 해양관리청U.S. Maritime Administration과 해안경비대U.S. Coast Guard가 담당하도록 하고 있습니다.

이 법은 '전략 상선대 프로그램Strategic Commercial Fleet Program'을 설치하고, 상선대 규모를 250척을 목표하고 있습니다. 전략 상선대는 평시에는 상업적 목적으로 활용되다가 전시에는 물자 수송에 동원되는 선박을 말합니다.

전략 상선대는 미국 건조, 미국 국적, 미국 선원이 요건이지만, 미국 조선소의 부족한 건조 능력을 감안하여, 임시 조치로 외국에서 건조된 선박을 '임시 선박Interim Ship'으로 사용할 수 있게 하고 있습니다.

힘들고 위험한 바닷일을 피하려는 풍조에 따라 미국도 선원 부족 현상을 겪고 있습니다. 이를 해소하기 위해 젊은이들이 해기사에 지원하도록 유인책을 규정하고 있습니다. 연방상선사관학교U.S. Merchant Marine Academy를 졸업하고 의무 요건을 갖춘 경우, 미국 상선에서 7년 이상 근무한 선원에 대해서는 경쟁 없이 연방정부에 취업할 수 있는 자격을 부여하고 있습니다.

'SHIPS'법은 미국이 해양국가임을 다시 천명하고, 해양산업 강화 의지를 담고 있는 법이라고 할 수 있습니다. 미국의 국가 및 경제적 안보 목표를 달성하기 위한 '전략 상선대'를 보유하도록 하고, 이를 위해 동맹국과 협정을 체결할 수 있도록 하고 있습니다.

미국의 현재 조선산업 여건은 80여 척의 자국적 국제무역 상선 규모를 단기간에 목표로 하는 250여 척으로 증가시킬 수 없는 실정입니다. 그동안 외국에서 건조된 선박을 미국 건조 선박으로 대체될 때까지 '임시 선박'으로 활용하거나 장기 용선계약에 의해 선대에 포함시킬 수 있습니다.

미국과의 관세 협상에서 조선 협력은 우리 측 협상의 지렛대가 되었습니다. 우리나라의 미국 조선산업 재건 참여와 미국 군함의 보수·수리·정비MRO와 같은 조선 협력은 한미 관계를 굳건히 하는 '연결고리Linchpin'가 될 전망입니다.

바다를 달리는 자율운항선박

도로에서 자율운행자동차가 대세가 될 날이 머지않았듯이 바다에서도 머지않은 미래에 자율운항선박Autonomous Ship 시대가 열릴 것으로 보입니다. 자율운항선박은 인공지능AI, 사물인터넷IoT, 빅데이터, 센서 등을 융합하여 선원의 의사결정을 지능화하고, 자율화된 시스템으로 운항할 수 있는 선박을 말합니다.

친환경 선박과 함께 자율운항선박은 미래 조선산업의 핵심으로 떠오르고 있습니다. 자율운항선박이라고 해서 처음부터 무인으로 인공지능에 의해 조작되며 자율적으로 운항되는 것은 아닙니다. 국제해사기구IMO는 선원 탑승 유무, 원격제어 가능 여부에 따라 자율운항선박을 4단계 등급으로 구분하고 있습니다.

제1단계는 선박 운항의 일부 기능을 자동화하는 것입니다. 제2단계는 선원이 승선한 상태로 선박 운항 시스템이 원격제어되는 것입니다. 예를 들어 바람, 조류, 해류에 따라 선박 엔진 회전수RPM를 자동 조절하는 것입니다. 선박 운항을 자동으로 인지·판단·제어해서 항해사 업무 대부분을 대체하는 것입니다. 이렇게 하면 연료비도 크게 줄어들고, 탄소 배출량도 감축됩니다. 제3단계는 선원 승선 없이 선박 운항이 원격제어되는 것입니다. 제4단계는 완전 무인으로 자율운항하는 것입니다.

현재는 2단계에 와 있습니다. 자율운항선박 기술이 가장 앞서 있는 곳은 유럽입니다. 노르웨이, 영국 등 유럽 국가들은 2012년부터 시스템 개발을 시작하여 2017년 세계 최초로 원격운항에 성공하였습니다.

우리나라는 이들 국가보다 다소 늦은 상황이지만 관계 부처가 공동으로 핵심기술을 개발하고 있습니다. 2030년까지 4단계 수준의 완전 무인 자율운항선박을 개발하여 자율운항선박 시장의 50퍼센트를 차지한다는 목표입니다.

자율운항선박의 가장 큰 이점은 경제성에 있습니다. 선박 운용 비용 중 인력과 연료비가 80퍼센트 넘게 차지합니다. 자율운항선박이 상용화되면 인력비용이 줄어들고 최적의 운항 경로를 선택하고 엔진 가동의 효율화로 연료비를 크게 줄일 수 있습니다.

우리나라와 일본에서는 2단계 수준의 자율운항선박의 상업적 운항을 시작했습니다. 앞으로 컨테이너선 등 상선으로 자율운항 기술이 확대되면 시장규모는 260조 원에 이를 것으로 전망됩니다. 이에 따라 우리나라와 유럽, 일본이 글로벌 표준을 선점하고 주도권을 쥐기 위해 치열한 경쟁을 벌이고 있습니다. 자율운항선박은 미래 조선산업의 핵심이 될 것입니다.

희토류 독립의 희망

디지털 기술이 고도화하면서 그 가치가 더욱 커지는 천연자원이 있습니다. 바로 희토류입니다. 반도체를 이용한 첨단 디지털 기술 대부분은 여러 금속에 희토류를 첨가하여 그 특성을 이용한 것입니다. 이러한 이유로 희토류는 '첨단산업의 비타민'이라 불립니다.

희토류를 두고 과학자들이 '수천 가지의 요구를 충족시키는 물질'이라고 표현하듯이 스마트폰, 해저 광섬유 케이블, 전기차, 컴퓨터, 헤드폰, 열추적 미사일, 양자 컴퓨터 등에 사용됩니다. 반도체와 같이 많이 언급되기도 하지만 여전히 생소하게 느껴지는 '희토류'라는 자원은 무엇일까요. 희토류稀土類, Rare Earth Elements는 말 그대로 '자연계에 매우 드물게 존재하는 금속원소'라는 의미입니다.

희토류는 독특한 화학적·전기적·자성적·발광적 성질을 가지고 있기 때문에 다른 물질과 혼합되면 제품의 기능이나 성능을 월등하게 향상시킵니다. 이러한 성질은 제품을 소량화·정량화·고기능화하고 친환경화를 가능하게 합니다. 이 때문에 디지털 첨단산업과 군사기술, 재생에너지에 희토류가 사용되면서 수요도 폭발적으로 증가했습니다. 전문가들은 2040년이면 지금보다 최대 7배의 희토류가 필요할 것으로 전망하고 있습니다.

그런데 문제는 희토류 생산의 70퍼센트 이상이 중국에 의해 생산되고, 중국이 글로벌 공급량의 90퍼센트 이상을 장악하고 있다는 것입니다. 이런 사정을 활용해 중국은 희토류를 자원 무기화하고 있습니다.

2010년 일본 해상보안청 순시선이 양국이 영유권 분쟁을 벌이고 있는 센카쿠제도에서 중국 어선을 나포하자 중국은 '희토류 수출 중단' 카드를 사용했습니다. 산업 전반에 큰 타격이 불가피한 상황이 되자 일본은 굴복하지 않을 수 없었습니다. 미·중 간 무역전쟁에서 미국의 고관세에 맞서 중국이 꺼내 든 카드도 '희토류 수출 금지'였습니다.

중국은 2020년에는 희토류의 수출을 제한할 수 있는 수출통제법을 시행하고 5개 희토류 기업과 기관을 통합해 초대형 국영기업을 설립했습니다. 정부 의지대로 희토류를 자원 무기화할 수 있는 기반을 강화했습니다. 이러한 중국의 움직임에 한국을 비롯한 각국은 외교적, 기술적으로 대응하고 있습니다. 대안의 하나가 새로운 희토류 부존을 해저에서 찾는 것입니다.

일본은 여기에 가장 적극적으로 나서고 있습니다. 일본 과학자들은 2011년 태평양 하와이와 타이티 부근 약 1,100제곱킬로미터

해저퇴적물에 1천억 톤의 희토류 부존을 발견했다고 발표했습니다. 이는 육상 희토류 총 매장량의 약 1천 배에 이르는 규모입니다.

해저에 육상보다 더 많은 희토류 자원이 있다는 것을 밝혀내고, 서태평양 미나미토리섬 주변 해저를 희토류 자원개발 최적 후보지로 선정했습니다. 중국도 이에 뒤질세라 해저 희토류 조사 사업을 활발히 수행하고 있습니다.

반도체 등 첨단산업에 필요한 희토류 대부분을 중국산 희토류에 의존하고 있는 한국도 2020년부터 태평양 해저에서 희토류 탐사 작업을 진행하고 있습니다. 해저 희토류 자원은 중국으로부터 희토류 독립을 이루고, 첨단산업에 필요한 광물자원을 안정적으로 확보할 수 있는 마지막 보루일 수 있습니다.

'노틸러스'호가 필요하다

해저 광물자원의 중요성이 강조되고, 우리나라가 해저 광구를 확보했다는 보도는 여러 번 있었지만 정작 해저광물을 개발했다는 소식은 지금껏 없었습니다. 기대만 부풀리게 하고 상업화는 정말 요원한 것일까요.

심해저에서 해저광물의 부존을 확인하고도 개발에는 수년이 걸립니다. 먼저 심해에서 광물자원의 존재를 확인하는 일은 바다에서 보물섬을 찾는 일만큼 어려운 일입니다.

우리나라가 2005년 탐사권을 획득한 통가 해역에서 열수 해저

광상을 확인하는 데만 7년의 시간이 걸렸습니다. 광역 탐사를 하는 데 3~4년, 탐사 결과를 가지고 유망한 중역 탐사 지역을 선정하는 데 1~2년, 그리고 유망 광구를 뽑아서 다시 정밀단계까지 이르는 데 7년여의 시간이 걸렸습니다.

쥘 베른의 소설《해저 2만리》에서 네모 선장은 잠수정 '노틸러스' 호를 타고 해저를 마음대로 돌아다니고 심해저에 접근합니다. 노틸러스호는 보조 탱크를 사용해서 해저 1,500~2,000미터까지 내려갈 수 있습니다. 네모 선장은 수면에서 8~12킬로미터의 초심해까지도 노틸러스호를 비스듬히 기울게 하여 내려갈 수 있다고 아로낙스 박사 일행에게 설명합니다.

소설 속에 나오는 꿈같은 이야기지만 심해저 광물자원 개발을 실현하기 위해서는 무엇보다 심해저의 극한 환경을 극복할 수 있는 새로운 차원의 첨단 탐사·개발 장비의 개발이 필요합니다.

수심 5천 미터는 엄지손가락 위에 경승용차가 올라가 있는 고압력의 환경입니다. 이러한 환경에서 장비를 자유자재로 운용하여 광물을 탐사하고 채취하는 심해저 광업은 우주개발에 버금가는 첨단 기술과 정밀성이 뒷받침되어야 하는 일입니다.

고압에 작업할 수 있는 무인 잠수정, 불도저나 진공청소기 기능을 띤 로봇 장비, 수송선에 운송하는 고압 파이프와 같은 장비·인프라가 필수적입니다. 그렇기 때문에 심해저 광물 탐사·개발은 육상보다 시설·장비 등 비용이 훨씬 많이 소요되고 육지 자원 개발보다 경제성을 맞추기가 어렵습니다.

심해저 광물자원 개발은 여러 첨단 분야의 기술과 장비가 필요하기 때문에 기술과 자본이 결합한 다국적 기업 컨소시엄 중심으로 진행되고 있습니다. 1970년대부터 미국 기업들은 해저광물을 개발하기 위한 시도를 했지만, 광물 가격이 오르지 않자 채산성이 없어 중단했습니다.

최근 국제 광물 가격이 오르고 육지 광물 개발이 한계에 직면하면서 심해저 광물 탐사·개발이 다시 불붙고 있습니다. 그렇지만 수년 내에 상업성 있는 해저 광물자원 개발이 실현될 것으로 보이지는 않습니다.

해외 에너지 자원 의존도가 97퍼센트에 달하는 우리나라는 에너지 자급률을 높이고 미래의 에너지 확보 경쟁에 뒤처지지 않기 위해 심해저 광물 개발에 더 많은 투자를 해야 할 시점이라 할 수 있습니다.

10년, 20년, 아니면 50년이 걸리더라도 자원 빈국인 우리의 현실을 극복하기 위해서는 해저 영토의 개발에 더욱 적극적으로 나서야 합니다. 그러지 않으면 첨단 해양 과학기술의 각축장이 되고 있는 심해저 자원개발에서 해양 선진국들의 기술·자원 독점과 기술 종속의 굴레에서 벗어날 수 없을 것입니다.

산유국의 꿈

동해 가스전에서 최대 140억 배럴의 석유·가스가 매장되어 있을 수 있는 유망구조가 발견되었다는 발표는 우리 모두를 기대감으로 들뜨게 했습니다. '산유국'이라는 우리가 갈망하던 오랜 꿈이 실현되는 것인가, 실제로 막대한 석유와 가스가 생산된다면 국가 경제와 우리 삶에 어떤 혜택이 돌아올까 하는 생각에 설레게 됩니다. 마치 로또 복권을 사고 1등 당첨된다면 그 돈을 어떻게 사용할지 생각하며 즐거운 상상에 젖어보는 것과 같다고나 할까요.

에너지 자원을 전적으로 외국 수입에 의존하는 우리로서는 막대한 규모의 석유나 가스가 발견되어 수입대체를 하게 된다면 그 경제적 이득은 상상하기 어려운 천문학적인 것이 될 것입니다.

노르웨이 사례는 산유국이 된 우리의 미래일 수 있습니다. 노르웨이는 1969년 북해 에코피스크Ekofisk 유전 발굴을 시작으로 산유국이 되었고, 1970년대 크고 작은 유전을 연이어 발굴했습니다. 가스와 원유 수출국이 된 노르웨이는 1인당 GDP가 9만 4천 달러2024년 기준로서 세계 4위의 부국이 되었습니다.

자원 빈국인 우리의 처지를 한탄스럽게 나타내는 말이 '기름 한 방울 나지 않는 나라'였습니다. 그런데 언제부터 틀린 말이 되었습니다. 동해 가스전에서 천연가스와 원유를 생산한 2004년 당당히 산유국으로 이름을 올리게 되면서부터였습니다. 우리나라도 95번째 산유국이 되었습니다.

그러나 생산되는 가스와 원유는 에너지 수요를 충족하기에는 턱없이 부족한 양이었습니다. 우리 해저에도 석유와 가스가 부존되어 있다는 점을 확인했기 때문에 추가 개발 가능성을 열어놓았을 뿐입니다.

우리나라는 산유국의 꿈을 이루기 위해 1970년대부터 눈물겨운 노력을 기울여 왔습니다. 1970년대 중후반 오일 쇼크를 겪고, 이후 고유가 시대를 경험하면서 자원 빈국의 서러움을 뼈저리게 경험하였습니다. 오랫동안 산유국은 절실한 국민적 염원이자 에너지 안보를 위한 지상목표가 되었습니다.

육지에서 시작된 석유탐사 노력은 육지 석유 부존의 가능성이 희박한 것으로 밝혀지면서 해저 대륙붕 석유탐사로 눈을 돌렸습니다. 1970년 정부는 '해저 광물자원 개발법'을 제정하여 대륙붕 석유탐사를 본격적으로 시작하였습니다. 해저 석유탐사 기술과 경험이 전혀 없었던 터라 전적으로 외국 메이저 석유회사의 자본과 기술에 의존했습니다.

거듭된 대륙붕 석유탐사 실패에 국민적 실망감은 커져 갔습니다. 그러나 실패에 굴하지 않고 새로운 도전이 계속되었습니다. 외국 석유회사들이 떠나가면서 1979년 '한국석유공사'를 설립하여 자주적인 석유탐사를 시작했습니다.

국내 대륙붕에서 석유탐사를 시작한 지 20년 만인 1998년 7월 울산 남동쪽 58킬로미터 지점인 '동해-1 가스전'에서 천연가스층을 발견하여 탐사시추에 성공했고, 2004년부터 생산을 시작했습니다. 그토록 염원하던 산유국의 꿈을 이룬 것입니다.

'동해-1 가스전'은 하루 평균 천연가스 5천만 세제곱피트ft^3, 원유 1천 배럴을 생산했습니다. 원유는 콘덴세이트라 불리는 초경질유입니다. 우리나라 하루 석유 소비량이 286만 배럴인 것을 생각하면 아주 미미한 양입니다.

'동해-1 가스전'은 우리의 독자적 기술로 해저유전 개발에 성공했다는 것에 큰 의미가 있다.
(사진:Shutterstock)

천연가스는 하루 34만 가구, 원유는 하루 자동차 2만 대를 운행할 수 있는 양입니다. 총 17억 500만 달러의 수입대체 효과와 3만 5천 명의 고용 창출, 2조 원의 부가가치를 창출한 것으로 평가되고 있습니다.

'동해-1 가스전'에서 생산되었던 가스와 원유 생산량은 국내 전체 소비량에서 차지하는 비율은 미미합니다. 그러나 우리의 바다에서 석유가 발견되었다는 것과 우리의 독자적 기술로 해저유전 개발에 성공했다는 것에 큰 의미가 있습니다.

도전은 계속되어야 한다

'동해-1 가스전' 인근에서 '동해-2 가스전'을 개발해 2016년부터 천연가스 생산을 시작했습니다. 그러나 2021년 말에 동해 가스전 생산이 종료되었습니다. 이제 국내에는 상업적인 유전·가스전이 없어지게 되고, 산유국의 지위도 잃게 되었습니다. 다시 '기름 한 방울 나지 않는 나라'로 돌아갔습니다.

그러나 산유국을 향한 꿈은 멈추지 않고 계속되고 있습니다. 그 결과 '6-1 북부 광구'와 '8광구' 해역에서 축적된 자료와 개발·생산 역량, 새롭게 취득한 물리탐사·시추자료를 활용하여 대규모 심해 유망구조를 찾아내었습니다. 그러나 7개의 유망구조 중 첫 번째 탐사에서 상업성이 없는 것으로 분석되었습니다.

기대감이 컸던 터라 실망도 컸습니다. 그러나 심해저 석유 개발은 탐사에서 개발·생산에 이르기까지 10여 년 이상의 시간이 소요되고 대규모 투자가 필요한 사업입니다. 그렇기 때문에 중장기 계획에 의한 정부의 일관성 있고 지속적인 투자와 국민의 지지가 필요한 국가적 프로젝트입니다.

중동의 자원 빈국이었던 이스라엘은 천해에서 가스 발견에 성공한 이후 15년간 아홉 번의 지속적이고 적극적인 심해탐사를 통해 대형 가스전 발견에 성공했습니다. 그 결과 이스라엘은 가스 수입국에서 수출국으로 탈바꿈했습니다. 노르웨이는 서른세 번째 시추공에서 유전을 발견했고, 부국이 되었습니다.

우리가 꿈꾸는 산유국의 꿈을 실현하기 위해서는 '중요한 것은 꺾이지 않는 마음'이라는 자세로 지속적인 도전과 국민적인 성원이 필요합니다.

Part 4

해양 안보

8.
바다에서 오는 적

해양 안보 위협

바다가 지니는 여러 가지 의미 중 아주 중요한 하나는 우리의 생존과 국토의 안전에 직결되는 안보 공간이라는 것입니다. 삼면이 바다인 우리에게 바다는 세계로 나아가고 무역을 하며 부를 창출하는 기회의 공간이지만, 외부의 적이 바다를 통해 쉽게 침입할 수 있는 안보 취약 공간이기도 합니다.

역사적으로 한반도는 대륙으로 진출하고자 하는 해양 세력Sea Power과 대양으로 나아가고자 하는 대륙 세력Land Power이 만나는 접점이라는 지정학적 위치 때문에 양 세력으로부터 끊임없는 외침을 받아 왔습니다.

중국대륙으로부터 수많은 외침을 막아내 왔으나 바다를 건너온 왜적의 침입으로 7년간의 참혹한 전란을 겪었습니다. 그리고 해양 세력 일제에 의해 식민지라는 오욕의 역사를 겪었습니다.

오늘날 동아시아 바다에서 격화되고 있는 해양 분쟁과 북한과 대치하고 있는 한반도의 상황은 해양 안보의 중요성을 일깨워 주고 있습니다. 연평 해전, 천안함 폭침, 연평도 포격과 같은 서해 NLL 해역에서 자행되고 있는 일련의 북한의 도발은 우리가 직면하고 있는 해양 안보의 현실을 그대로 보여주고 있습니다.

동아시아 해역은 무력 분쟁의 위험성이 세계 어느 곳보다 높은 곳입니다. 도서 영유권 및 해양 관할권, 해양 자원 등 해양 이익을 둘러싸고 벌어지는 해양 분쟁은 언제든 군사적 충돌로 비화될 수 있는 위험성을 가지고 있습니다. 제3차 세계대전이 일어난다면 그 발화점은 동아시아 해양이 될 것이라는 예측처럼 바다에서의 군사적 긴장은 그 어느 때보다 높은 실정입니다.

바다라는 특수한 공간에서 발생하는 안보 위협 요인은 해양 안보를 강화하여 막는 것이 최선의 길입니다. 바다를 통해 들어오는 외침을 육상에서 막아내는 것은 어렵고 현실성이 없는 일입니다. 바다의 적을 육상에서 막아낸다면 적이 국토로 상륙한 뒤의 일일 것이고, 국민의 생존과 영토의 안전은 이미 심각히 타격을 받은 상황이 됩니다.

대한해협 해전

제해권이 적에게 넘어가게 되면 에너지 수송로가 막히고 선박이나 항만시설이 파괴되어 우방국으로부터 병력이나 병참의 지원이 어렵게 됩니다. 그 의미를 상기시킬 수 있는 사례가 있습니다. 일반에 잘 알려져 있지 않지만 6.25 전쟁 발발 직후 부산 앞바다에서 일어났던 '대한해협 해전'입니다.

1950년 6월 26일 새벽, 특수요원 600여 명을 태우고 부산으로 침투하던 1천 톤급 북한 무장 수송선을 우리나라 최초의 전투함 '백두산함'이 치열한 교전 끝에 침몰시킨 해전입니다.

전쟁 발발과 함께 북한은 특수요원을 부산에 침투시켜 전후방 양공 작전을 펼치려고 했습니다. 그때 백두산함이 적 수송선을 막아내지 못했다면 전후방이 동시에 무너져 내리는 상황이 되었을 것입니다. 적함의 격침으로 북한의 전쟁 계획에 중대한 차질을 가져오게 하였고, 전략적 요충지인 부산항을 안전하게 지켜낼 수 있었습니다. 부산항이 북한군 수중에 넘어가거나 공격으로 파괴되었다면 미군을 비롯한 유엔군 병력과 군수물자가 안전하게 도착할 수 없었을 것이고 대한민국의 운명은 어떻게 되었을지 짐작하기 어렵지 않을 것입니다.

"바다에서 오는 적은 바다에서 막아라"

해양 안보에서 가장 중요한 것은 해양 안보 위협 요인을 바다에서 제압함으로써 영토와 국민의 안전을 지키는 것이라 할 수 있습니다.

1592년 4월 30일 첫 출전을 앞두고 이순신 장군이 올린 장계는 해양 안보의 의미와 교훈을 일깨워 주고 있습니다. '바다에서 오는 적은 바다에서 막아야 한다'는 것입니다.

"신의 어리석은 생각으로는 오늘날 적의 세력이 이토록 우리를 업신여기게 된 까닭은 해전으로써 막아내지 못하고 적이 마음대로 상륙하도록 한 것에 있습니다. 경상지방의 연해안 고을에는 성 밖에 깊은 도랑과 높다란 성이 많지만, 성을 지키던 겁쟁이 군졸들이 소문만 듣고는 벌벌 떨며 모두 달아날 생각만 품었기 때문에 적들이 포위하면 이내 함락되어 온전한 성이라고는 하나도 없습니다. 지난번 부산 및 동래 연해안의 여러 장수만 하더라도 배들을 잘 정비하여 바다에 진을 치고 엄습할 위세를 보이고 정세를 보아가면서 전선을 알맞게 나아가기도 하고 물러가기도 하여 적이 육지로 기어오르지 못하도록 했더라면 나라를 욕되게 한 재앙이 반드시 이렇게까지는 되지 않았을 것입니다. 생각이 이 정도까지 되니 분함을 참을 수 없습니다."

왜군이 바다를 건너오는 동안 바다에서 왜군을 막았더라면 왜군의 전력에 큰 타격을 주었을 것이고 왜적의 총칼과 말발굽 아래 전 국토가 유린당하고 시산혈해屍山血海를 이루었던 참담한 전란의 양상은 분명히 달라졌을 것입니다.

주변국 정세에 대한 무지로 일본이 섬나라이기 때문에 해전에 강하고 육전에 약할 것이라 판단하여 바다를 건너오는 적을 온전히 육지로 올라오게 하였습니다. 100여 년의 전국시대戰國時代 직후라 왜군은 전장에서 수많은 전투 경험으로 단련된 군사들로 이루어져 있었습니다. 수군 세력은 병력을 운반할 정도의 배와 소수 군사들이었습니다.

"바다에서 오는 적은 바다에서 막아라."

날로 중요해지는 해양 안보의 중요성을 다시금 되새기게 하는 교훈입니다.

"나라가 나라가 아니다"

수년 전 《징비록懲毖錄》에 관한 책이 출간되고 드라마가 만들어지면서 《징비록》과 임진왜란에 대한 관심이 뜨거워졌던 때가 있었습니다.

《징비록》은 영의정, 도체찰사로서 7년의 전란을 온몸으로 겪은 서애 유성룡이 전란이 끝나고 낙향하여 전란의 원인, 전황 등을 기록한 책입니다. '징비懲毖'는 시경에 나오는 말로 '지난 잘못을 경계하여 후환을 삼간다'는 의미입니다.

유성룡이 자신의 책을 '징비록'이라 이름 붙인 이유는 전란 7년의 치욕과 참혹함을 밝히어 후일에 다시 이런 일을 겪지 않도록 대비하자는 취지였습니다. 전시 수상으로서 전란 기간 내내 뼈가 가루가 되고 몸이 다 깨져 나가도록 혼신의 힘을 바치던 유성룡을 가장 절망케 한 것은 부족한 군량을 조달하는 문제였습니다.

의주로 피난한 조선 조정은 압록강을 넘어 명으로 귀부냐 함경도로 피난이냐의 갈림길에서 명에 구원을 요청했습니다. 왜가 내세운 조선 정벌의 명분인 정명가도征明假道, 즉 '명을 치기 위해 조선의 길을 빌린다'와 같이 조선이 왜의 손에 넘어가면 다음은 명이 왜의 목표가 될 것이 자명한 상태였습니다. '입술이 없으면 이가 시린 것'과 같은 이치를 모를 리 없는 명 조정은 서둘러 군대를 파견했습니다.

백척간두에 선 조선의 운명은 명 군대에 달려 있었습니다. 이런 상황에서 조선을 지켜주러 온 황제의 천군天軍을 먹여 살리는 것은 오롯이 조선의 몫이었습니다. 자신의 백성과 군대가 굶어 죽어도 명나라 군대를 배불리 먹여야 하는 것이 무력한 조선의 운명이었습니다.

전란이 일어나기 전 10여 년 전 율곡 이이가 올린 상소에서 "나라가 나라가 아니다國非其國"라고 신랄하게 지적하고 있듯이 당시 조선은 무능과 부패, 구폐로 가득 차 있는 나라였습니다. 이러한 나라에서 전시 대비가 되어 있을 리 만무했습니다. 외침의 징후 앞에서도 무사안일과 당쟁에 빠져 있던 조선에서 군은 군대라고 하기 부끄러울 정도의 전력이었고 군량미도 비축되어 있지 않았습니다.

후방에서 전쟁을 총괄 지휘하고 있던 유성룡은 전쟁 시작부터 끝날 때까지 군량 전쟁을 온몸으로 치러야 했습니다. 1593년 1월에 이여송이 끌고 온 명나라 군대 4만 5천 명의 1년 치 군량은 하루 3되 기준으로 48만 6천 석에 달했습니다. 이들이 타고 온 군마를 먹일 곡물은 제외한 양입니다. 평상시 조선의 세수가 60만 석이었다는 점을 감안하면 세수를 거의 써야 하는 엄청난 군량이었습니다.

군량이 부족해 돌아가겠다는 엄포를 일삼는 명군 지휘부로부터 온갖 수모와 치욕을 감내하면서 한 톨의 식량이라도 더 구하기 위해 동분서주했던 서애의 애타는 심정을 오늘날 우리 후손들은 어떻게 헤아릴 수 있을까요.

"먹지 못한 조선 군사는 굶주리고 지쳐서 군대를 이룰 수 없다. 1만 석의 곡식이 있다면 천 명의 군사를 모을 수 있다."

"이러고도 우리가 오늘날 있는 것은 하늘이 도운 까닭입니다."

전란이 있고 500여 년이 지난 지금에도 유성룡의 애끓는 탄식이 생생히 들리는 듯합니다.

돌산도의 둔전

명군을 먹일 군량 확보가 이럴진대 나라의 운명을 명군에 맡기고 있던 조선 군사들의 처지는 어떠했을지 미루어 짐작할 수 있을 것입니다. 남쪽 바다를 지키고 있던 이순신의 1만 7천여 조선 수군의 군량 사정은 어떠했을까요.

육상과 다를 것 없이 군량 지원을 받을 수 없었고 피폐해진 내륙 지역으로부터 군량미를 조달할 수 없는 상황에서 군량미를 확보하는 것이 가장 어려운 문제였습니다.

이순신의 묘책은 전란을 피해 떠돌아다니는 유민을 모아 공도

정책으로 버려진 섬을 둔전屯田으로 일구는 것이었습니다. 이순신은 둔전에서 나오는 수확 중 절반을 군량미로 거둘 수 있도록 하는 계획을 담은 장계를 올려 조정으로부터 윤허를 받았습니다.

이순신은 먼저 농지가 많은 여수 돌산도를 개간했습니다. 돌산도의 둔전이 효과가 있자 조정은 이순신의 청을 받아들여 해변 고을을 수군에 복속시키고 남해 창선도, 해남 황원곶, 강화도 화이도로 둔전을 확대할 수 있게 하였습니다.

군량뿐만 아니라 병참 물자의 조달도 자급자족이었습니다. 옷감, 화약류, 총통 등 전쟁 물자는 중국이나 일본에서 온 상인에게 구운 소금, 건어물, 말린 해조류 등을 주고 구했습니다.

둔전을 일굼으로써 조선 수군을 먹이고 전력을 유지할 수 있었습니다. 이순신의 수군은 바다를 지켜내어 수군과 육군이 합세하여 북으로 진격하려는 왜의 전략을 무산시킬 수 있었고 조선을 지킬 수 있었습니다.

약무호남若無湖南 시무국가是無國家, '호남이 없으면 국가도 없다.' 이순신의 수군이 바다를 지켜 곡창 호남을 온전히 보전한 덕분에 부족한 군량을 조달할 수 있었고 조선을 지켜낼 수 있었습니다.

노량 바다

초겨울 비가 찬바람에 흩뿌리는 날 오후 노량露梁 바다를 찾았습니다. 노량 바다는 사천만이 서쪽으로 여수해협으로 이어지는 길목이며 하동과 남해 사이의 좁다란 바다입니다.

고향 마을에서 멀지 않은 곳이어서 가끔씩 가는 곳이지만, 그날은 마음먹고 그곳에 있는 이순신 장군의 유적지를 둘러보기로 했습니다. 해양경찰에서 퇴임하고 시골에 머무는 동안 해양 문제를 연구하는 사람으로서 다시 가봐야 할 것 같은 의무감 같은 것이 그곳으로 다시 이끌었습니다.

임진왜란 최후의 격전이 벌어졌던 노량 바다 전경 (사진:한국학중앙연구원)

노량 바다는 임진왜란 7년 전쟁의 마지막 싸움에서 이순신 장군이 전사한 곳입니다. 이곳에는 장군을 기리는 두 곳의 유적이 있습니다. 장군의 유해가 처음 뭍으로 올려진 관음포觀音浦 기슭에는 '이순신 장군이 순국한 곳에 지은 사당'이라는 의미의 '이락사李落祠'가 있습니다. 그곳에서 조금 떨어진 노량 나루터 언덕에는 장군을 기리는 사당인 '충렬사忠烈祠'가 있습니다.

이락사에는 장군을 추모하는 유허비遺墟碑가 있습니다. 유허비는 1592년 임진왜란이 일어나고 네 번째 임진년이 되던 1832년순조32에 세워졌습니다. 장군의 8세손 이항권이 삼도수군통제사로 부임하여 제사를 드리고, 조정에 건의하여 장군이 돌아가신 곳에 유허비를 세우게 되었습니다. 이조 판서 겸 대제학 홍석주가 비문을 지었습니다.

"임진왜란은 우리 역사상 가장 비극의 시기였다. 이때를 당하여 충성과 지혜로 임금을 도와서 국가의 중흥을 이룩한 여러 사람이 있었다. 모두들 공신에 봉하고 역사에 기록되어 그 이름을 빛내고 있다. 그러나 그 가운데서도 공적이 천지에 가득하고 명성이 해외에까지 떨쳤으며 역사가 흐를수록 태양처럼 더욱 빛을 발하는 사람으로 누구를 막론하고 우리 충무공을 생각하지 않는 사람이 없다. 역사에도 충신, 의사가 많지 않은 것은 아니나 그의 공과 덕이 영원히 후대에까지 칭송되기로는 충무공과 같이 위대한 분은 다시없을 것이다."

유허비에서 솔밭 길을 따라 10분쯤 걸어 올라가면 임진왜란의 마지막 결전이 벌어졌던 관음포를 한눈에 조망할 수 있는 첨망대가 있습니다. 노량 바다가 여수해협으로 연결되는 곳인 관음포 앞바다는 멀리 지리산과 백운산을 마주하고 광양만, 순천만과 맞닿아 있습니다.

이곳에서 1598년 음력 11월 18일 밤과 19일 아침에 걸쳐 조·명 연합군과 바다를 건너 일본으로 철수하려는 왜군 사이에 임진왜란 최후의 격전이 벌어졌습니다.

•••
23전 23승의 대승리

도요토미 히데요시의 조선 정벌 명령으로 대마도에 집결한 왜군 15만 8천 명은 1592년 임진년 4월 13일부터 차례로 부산포를 통하여 상륙했습니다. 임난 기간 이순신 장군은 5월 7일 옥포해전을 시작으로 23전 23승의 대승리를 거두었습니다. 장군이 연전연승을 거둔 데는 장군의 탁월한 전략과 화포로 무장하고 잘 훈련된 조선 수군 때문이었다는 데는 이론의 여지가 없습니다.

한편으로는 도요토미 히데요시의 조선 수군 전력에 대한 오판도 한몫했습니다. 당시 침략한 15만 8천 명의 왜군 중 수군은 9천여 명뿐이었습니다. 그중 격군을 제외하면 해전을 치를 수 있는 제대로 된 수군은 아주 적은 병력에 불과했고, 이들은 병력과 군수물자 수송이 주된 임무였습니다.

왜군은 다이묘들이 천하 패권을 다투던 100여 년의 전국시대를 거치면서 육전에는 이골이 났지만, 해전 경험은 전혀 없는 상태였습니다. 그렇기 때문에 해전도 육전에서와 같이 배에 올라타 육박전을 벌이는 '단병접전' 전술이었습니다. 반면 조선 수군은 접근전을 피하고 함포사격 전술을 구사했습니다.

바다로 나가는 것을 엄격히 금지했던 해금령海禁令이 국시였던 조선이 강한 수군을 가질 수 있었던 것은 아이러니하게도 한반도를 끊임없이 노략질했던 왜구 때문이었습니다. 고려 말부터 왜구가 국가의 존망을 위협할 정도가 되자 조선 조정은 해금령에도 불구하고 판옥선 등 새로운 함선을 건조하고 수군을 양성했습니다.

침략의 기운이 감돌자 조선은 통신사를 보내 일본 정세를 살폈습니다. 통신사 일행의 상반된 견해 속에 조선 조정은 왜군이 침략해 오는 경우 섬나라 왜군은 해전에 능할 것이라는 판단하에 해전을 피하고 육전에 집중하자는 의견에 일치했습니다. 이에 따라 조선 조정은 성벽을 수리하고 전쟁 물자를 비축했습니다. 그러나 전국시대를 거치면서 육상 전투 경험이 풍부한 왜군에 대한 크나큰 오판이었습니다.

또한 조선 조정은 국제정세에 깜깜했습니다. 1년 전부터 일본 전역에 징집령이 내려지고 전선을 건조하고 있을 때 까맣게 모르고 있었습니다. 지척인 대마도에서 15만의 병력과 수천 척의 전선이 집결하고 있을 때도 마찬가지였습니다.

역사에 가정은 없지만, 허술한 수군을 갖춘 왜군을 대한해협에서 막았다면 대규모 병력이 상륙하는 것을 저지할 수 있었을 것입니다. 당시 조선의 수군 전력이었다면 왜군을 바다에서 섬멸할 수 있었을 것이고, 전 국토가 유린당했던 환란을 바다에서 막았을 수도 있었을 것입니다.

이순신 장군이 1592년 4월 30일 올린 장계에서 그와 같은 회한이 묻어납니다.

"… 전함을 잘 정비하여 바다에 진을 치고 … 병법대로 진퇴하여 육지로 기어오르지 못하게 했더라면, 나라를 욕되게 하는 환란이 이렇게까지 되지 않았을 것입니다."

'바다에서 오는 적은 바다에서 막았어야 한다'는 취지의 장계였습니다.

노량 해전

1597년 정유재란으로 재침한 왜군은 1598년 8월 도요토미 히데요시가 죽자 귀환 명령을 받고 철군을 서둘렀습니다. 조·명 연합군은 울산, 사천, 순천에 성을 쌓고 웅거하고 있던 왜군을 섬멸하기 위한 총공세를 폈습니다.

조·명 연합군은 울산과 사천은 육지, 순천은 육지와 해상에서 합동으로 왜군을 공격하는 '사로병진작전四路竝進作戰'을 펼쳤습니다. 고니시 유키나가小西行長가 이끄는 1만 4천 명의 왜군은 순천 왜교성에 주둔하면서 바다로 무사히 빠져나갈 방법을 찾고 있었습니다.

육지와 해상에서 협공을 펼치자 퇴로를 잃은 고니시는 육상 공격을 맡았던 명나라 장수 유정에게 길을 터 달라며 은밀히 뇌물 공세를 펼칩니다. 고니시가 준 뇌물에 매수된 유정은 공격을 하지 않고 시간을 끌었습니다. 이순신과 진린이 지휘하던 조·명 수군은 수심이 낮아 근접하여 독자적인 공격은 하지 못하고 왜교성 앞 해상을 봉쇄하며 퇴로를 차단하고 있었습니다.

세밑 추위가 매섭게 몰아치던 음력 11월 18일 오후 6시경, 고니시 부대를 구하기 위해 사천, 남해, 하동에 주둔하고 있던 왜군이 500여 척의 배로 노량으로 이동하고 있다는 첩보가 날아들었습니다. 조·명 연합 수군은 밤 10시경 노량으로 이동하였습니다. 이순신은 자정에 갑판에 올라 하늘에 기도를 올렸습니다.

"이 원수를 무찌른다면 지금 죽어도 유한이 없겠습니다. 원컨대 하늘이시여 천인공노할 죄를 지은 적들을 꼭 무찌르게 해주옵소서."

해전이 시작된 것은 새벽 2시경이었습니다. 마지막 결전답게 7년의 해전 중에서 가장 치열하게 전개되었습니다. 선봉에 선 이순신의 조선 수군은 지난 7년간 온 산하를 검붉은 피로 물들게 하고 온갖 약탈과 만행을 저지른 왜적을 결코 한 사람도 살려 보내지 않겠다는 각오였습니다.

노량해전은 어둠 속에서 초근접전으로 전개되었습니다. 조선 수군은 일정한 거리를 유지한 채 포와 활로 공격하던 이전까지의 해전과 다르게 적선에 근접하여 불붙은 나무나 화기를 던져 넣어 불을 붙이고 적선에 부딪치며 공격했습니다.

팽팽하던 전세가 '한 척의 적선도 결코 살려 보내지 않겠다'는 각오로 죽을힘을 다해 싸우는 조선 수군으로 기울자 왜군이 밀리며 도망쳐 들어간 곳이 관음포였습니다.

뒤에 처져 형세를 살피고 있던 명나라 수군은 그제야 합세하여 포구 안으로 몰린 왜군을 공격하기 시작했습니다. 격렬한 전투 끝에 200여 척의 왜군 전선이 격침되었습니다. 남은 왜선들은 관음포를 빠져나와 남쪽으로 퇴로를 찾으려고 죽기 살기로 달려들었습니다.

큰 별이 바다에 떨어지다

늦은 겨울 해가 동녘을 밝힐 무렵이었습니다. 밤새 대장선에서 북을 치고 대장기를 흔들며 전투를 독려하던 장군의 왼쪽 겨드랑이 밑으로 어디선가 한 발의 총탄이 파고들었습니다. 심장에 총탄을 맞은 장군은 그 자리에서 쓰러졌습니다.

옆에 있던 큰아들 회와 조카 완이 급하게 장군을 부축했습니다. 장군은 가쁜 숨을 몰아쉬면서 "전투가 급하니 나의 죽음을 알리지 마라 戰防急 愼勿言我死"라는 말을 유언으로 남기고 숨을 거두었습니다. 1598년 11월 19일 오전 10시경이었습니다.

계속해서 대장선에서는 북이 울리고 기가 나부꼈습니다. 정오 무렵 전투가 끝이 났습니다. 온전히 빠져나간 왜선은 50여 척에 불과할 정도로 대승이었습니다. 그때서야 장군이 전사했다는 소식이 알려졌고, 승리의 환호성 대신 노량 바다는 조선군과 명군의 통곡 소리로 가득했습니다.

"大星隕海(대성운해), 나라를 구한 큰 별이 바다에 떨어졌습니다."

관음포 기슭에 올려진 장군의 유해는 노량 앞바다가 내려다보이는 나루터 언덕에 안치되었습니다. 다음 해 2월 삼도수군통제영이 있던 완도 고금도에 모셔졌다가 아산으로 옮겨졌습니다. 운구 행렬이 이르는 곳마다 백성들이 모두 제사를 지내고 수레를 붙잡고 울어 수레가 앞으로 나갈 수가 없었습니다. 장군의 유해가 모셔졌던 노량 나루터 언덕에는 충렬사가 건립되어 장군을 기리고 있습니다.

한 사람의 위대한 힘이 백척간두의 운명에 놓여 있던 조선을 구했습니다. 제해권을 장악함으로써 본국으로부터 건너오는 왜군의 병력 지원과 군수품 보급을 차단하고 서해를 거쳐 한양으로 진격하는 것을 막을 수 있었습니다. 장군이 제해권을 장악하지 못했다면 바다와 육지에서 동시에 한양으로 진격하는 왜군의 수륙병진水陸竝進 작전 앞에 조선은 일찌감치 왜군에 정복되었을 것입니다.

이순신도 파죽지세로 밀려오는 적 앞에서 두려워하고 고뇌하던 한 사람의 인간이었습니다. 그러나 완성된 인격과 불타는 애국심, 백성을 사랑하는 애민정신으로 자신의 몸을 던져 나라를 구하고 민족사에 영원히 지지 않는 '불멸의 영웅'이 되었습니다.

400여 년 전 그날 밤, 죽기를 각오하고 분투하는 이순신과 조선 수군의 처절한 함성이 가득했던 노량 바다. 그 바다에서 큰 별이 지는 것을 지켜보았을 노량 바다의 작은 섬들은 오늘도 말없이 그 자리에 있습니다.

⋯ 칼레 해전

인류 역사에는 수많은 해전이 있었습니다. 그중에서 역사에 큰 영향을 미친 해전으로 한산대첩을 비롯한 '세계 4대 해전'을 들 수 있습니다.

그중의 하나가 1588년의 '칼레 해전'입니다. 1517년 마르틴 루터의 95개 조 반박문으로 불길같이 일어난 종교개혁은 1555년 아우크스부르크 회의에서 공인되었지만, 신교와 구교의 대결로 인해 유럽에서는 피비린내가 끊이지 않았습니다.

프랑스에서는 1572년 성 바르톨로메오 축일에 신교도 위그노 2~3천 명이 학살당했습니다. 교황은 학살을 기념하는 메달을 만들고, 교황보다 더 열렬한 가톨릭 신자로 불리던 스페인의 펠리페 2세는 침실에서 춤을 추었다고 하니 당시 신·구교의 갈등이 얼마나 극심했는지 짐작할 수 있습니다.

이러한 분위기 속에서 신교가 우세한 영국은 가톨릭 국가인 스페인, 프랑스와 적대국이 되었습니다. 펠리페 2세는 스페인의 속국이던 네덜란드에 군대를 파견하여 신교도를 탄압하고 신교도 8천여 명을 종교재판에 넘겨 처형했습니다.

분노한 네덜란드인들은 스페인의 종교탄압에 대한 저항을 독립운동으로 전환시켰습니다. 펠리페 2세는 네덜란드의 독립운동을 진압하기 위해 '무적함대 아르마다 Armada Invincible'를 파견했습니다. 영국의 엘리자베스 1세 여왕은 스페인의 다음 목표는 영국이라 판단하고 군대를 네덜란드로 보냈습니다. 영국의 처사에 분노한 펠리페 2세는 1588년 무적함대를 보내 영국을 침공했습니다.

　영국 남동쪽과 프랑스 북동쪽을 가르는 칼레해협은 영국에서는 '도버해협'으로 부릅니다. 너비 30~40킬로미터의 좁은 수로이지만 오늘날 해상교통량이 가장 많은 곳의 하나입니다.

16~18세기 무적함대의 갤리온선을 복원한 모습(스페인 알리칸테 소재). 영국의 처사에 분노한 펠리페 2세는 1588년 무적함대를 보내 영국을 침공했다. (사진:Shutterstock)

칼레Calais는 영국과 프랑스 사이에 중요한 역사를 간직한 곳입니다. 영국과 프랑스가 프랑스의 왕위 계승 문제로 시작하여 '100년 전쟁1337~1453'을 벌일 때였습니다. 영국은 1346년 크래시Cre'cy 전투에서 승리한 후 칼레를 차지하였습니다.

영국의 포위를 1년여 버티다 굶어 죽기 직전 시민대표 여섯 명이 처형을 자청했던 모습을 작품으로 표현한 로댕의 '칼레의 시민'으로 유명한 그곳입니다. 이들 시민대표들은 오늘날 '노블레스 오블리주'의 표상으로 종종 일컬어집니다.

칼레는 전략적 요충지로서 섬나라 영국에는 대륙과 통상을 이어주는 무역기지였습니다. 14세기 이후 영국 영토가 되었던 칼레는 펠리페 2세와 결혼한 영국 메리 여왕이 스페인과 프랑스 전쟁에 참가하여 패한 뒤 칼레를 프랑스에게 넘겨주고 맙니다.

16세기 '해가 지지 않는 대해양제국'을 건설한 스페인은 식민지를 유지하고 상선을 보호하고 지중해의 패권을 차지하기 위해 '무적함대'라 불리는 '아르마다'를 창설했습니다. 아르마다 함대는 1571년 '레판토 해전'에서 이슬람 함대를 격파해 이슬람 세력의 지중해 진출을 좌절시켰습니다.

스페인의 침공에 맞서 엘리자베스 1세는 사략선 선장으로 유명한 드레이크로 하여금 해군을 지휘하게 하였습니다. 영국 해군은 전력이 압도적으로 우세한 아르마다와 전면전을 피하고 함대를 소규모로 배치해 급습하는 작전을 구사했습니다.

아르마다에 승선한 스페인 정예군은 유럽 최강으로서 적함으로 뛰어들어 백병전을 구사하는 것이 특기였습니다. 이런 점을 파악하고 있는 영국 해군은 아르마다의 접근을 차단하면서 좁은 칼레해협으로 유인했습니다.

칼레해협에서 교전이 시작되었을 때 '프로테스탄트의 바람Protestant Wind'이라 불린, 북쪽에서 남쪽을 향한 강한 바람이 불어왔습니다. 영국 해군은 바람을 등지고 싸울 수 있는 유리한 위치에 있었고, 아르마다는 거센 바람 때문에 앞으로 나아가기 힘든 조건이었습니다.

영국 해군은 유리한 풍향을 이용해 교전을 벌였고 결정적으로 연안에서 위장 화공으로 전열을 무너트리면서 선제공격을 감행했습니다. 영국 해군은 근접전을 허용하지 않으면서 사정거리가 먼 대포로 공격했습니다. 결국 스페인 전함들은 현대식 전술을 구사하는 영국 함대에 막대한 피해를 입고 쫓겨 스페인으로 겨우 귀환했습니다.

칼레 해전의 패배로 해양 강국 스페인은 쇠락의 길을 걷기 시작했고, 변방의 영국은 지중해의 강자로 부상하며 이후 전 세계를 지배하는 최강의 해양제국을 건설했습니다. 해적선 선장 드레이크는 트라팔가르 해전의 넬슨 제독과 함께 영국을 구한 영웅이 되었습니다.

항공모함과 미국의 하드파워

미국 항공모함에 대한 이야기를 해볼까 합니다.

"국제 위기 상황이 발생하면 워싱턴의 지도자들이 제일 먼저 하는 질문이 '가까운 항모는 어디 있어?'라는 것입니다."

빌 클린턴 전 대통령이 항모를 방문했을 때 한 말입니다.

미국에 있어서 항공모함의 군사적·외교적·전략적 의미를 함축적으로 나타내 주는 예화입니다. 항공모함은 슈퍼 파워 미국의 군사력 전진기지 역할을 하는 하드파워의 상징이라 할 수 있습니다.

항공모함은 상륙함, 구축함, 순양함, 프리깃함, 잠수함 등 여러 군함 중의 하나입니다. 말 그대로 항공기를 싣고 다니는 군함입니다. 미국은 국제분쟁이 있을 때마다 항공모함을 주축으로 군사적 대응을 해왔습니다.

국제분쟁이 증가하면서 항공모함의 역할과 비중은 더 커져 가고 있습니다. 항공모함은 다른 국가의 허가가 필요 없는 공해 한가운데 떠 있으면서 전 세계 어디에서든 미군의 군사작전을 지원하거나 독자 작전을 펼칠 수 있습니다.

미국은 1922년 '랭리Langley, CV-1'를 시작으로 가장 최근 취역한 슈퍼 항모 '제럴드 R 포드CVN-78' 등 78척을 건조하여, 현재 11척의 핵추진 항모를 운영 중입니다. CV는 '수송함Carrier Vessel'을 의미하고, N은 '핵추진Nuclear', 숫자는 미 해군이 건조한 항모의 순서를 표시합니다.

항공모함은 기동전단을 구성하여 움직입니다. 기동전단은 70~80여 대의 항공기를 탑재한 항모 한 척에 장거리 토마호크 미사일을 장착한 순양함 한 척, 구축함 두 척, 잠수함 한 척, 보급선 한 척 등 통상 6~7척으로 구성되어 있습니다. 한 개의 미국 항모 기동전단은 웬만한 나라의 해군력에 버금갈 정도의 무력입니다.

항공모함은 그 안에 방송국, 병원, 우체국, 교회 등 편의시설이 갖춰져 있는 하나의 작은 도시이다. (사진:Shutterstock)

항공모함은 규모에 따라 차이가 있지만 10만 톤 가까운 크기입니다. 니미츠급의 핵추진 항공모함은 무게 9만 7천 톤, 길이 371미터, 시속 30노트의 속력입니다. 전투기, 헬기 등 80~90대의 항공기를 탑재하고 있습니다. 승선 인원은 5,500여 명입니다.

항모는 그 안에 방송국, 병원, 우체국, 교회 등 편의시설이 갖춰져 있는 하나의 작은 도시입니다. 해군에 근무하는 부자가 집에 휴가 가서야 서로 한 항모에 근무한다는 사실을 알게 되었다는 농담 같은 이야기도 있습니다.

••• 탑 건

아무리 항모가 크다지만 육상의 비행장만큼 클 수가 없겠지요.

그래서 좁은 항모에서 항공기가 이착륙하는 것을 보면 흥미로운 사실이 많습니다. 톰 크루즈가 주연한 영화 〈탑 건Top Gun〉은 항공모함 전투기 조종사들에 관한 이야기입니다. 항모에서 항공기가 이착륙하는 데 최첨단 기술이 사용될 것이라 생각하기 쉽지만, 그 원리는 의외로 간단합니다.

지방해경청장으로 근무할 때 일본 요코스카가 모항인 미 7함대 소속 조지 워싱턴George Washington호가 부산항에 입항했을 때 승선한 적이 있습니다. 그때 생각보다 짧은 활주로가 인상적이었습니다. 바다 위에 떠 있는 항모 갑판의 150여 미터의 활주로는 아주 짧아 보였습니다.

앉은 자리에서 뜨고 내리는 수직 이착륙기도 있지만, 항모의 전투기는 사출기Catapult를 이용해 짧은 활주로에서 이륙합니다. 수증기에 의해 추진력을 내는 네 개의 사출기가 전투기를 이륙시킵니다.

이륙하는 전투기 뒤로 수증기가 올라오는 장면을 볼 수 있는데 사출기에서 뿜어져 나오는 수증기입니다. 2.5톤의 전투기를 불과 2초 만에 시속 264킬로미터 속력을 내도록 공중으로 '던지는' 사출기의 힘이 얼마나 클지 짐작할 수 있을 것입니다.

항모에서 착륙은 이륙보다 훨씬 어렵고 위험합니다. 공항의 드넓은 활주로도 상공에서 내려다보면 조그맣게 보입니다. 하물며 바다 한가운데 항공모함은 한 점에 불과합니다. 재직 시절 헬기를 타고 임무 중인 함정의 좁은 갑판에 이·착륙할 때 파도나 바람의 영향으로 헬기가 흔들리는 아찔한 경험을 많이 했습니다.

고속으로 비행하는 항공기는 항모가 움직이는 상태에서 착륙해야 합니다. 관제탑의 지시와 유도계기 및 신호에 따라 착륙하지만, 고난도의 조종술이 필요한 일입니다. 항모의 항공기 조종사는 최고의 실력을 갖춘 조종사들로 평가받습니다. 초기 항공모함 역사에서 많은 조종사들이 이착륙 과정에서 희생되었습니다.

이륙 때와 반대로 시속 260킬로미터로 나는 전투기가 수 초 안에 100여 미터의 착륙활주로에 정지해야 합니다. 그 비밀은 전투기 뒤에 달린 갈고리입니다. 전투기는 갑판에 설치된 네 개의 걸림줄Arresting Cables 중 하나에 걸리면서 착륙하게 되는 것입니다. 착지Touch Down 시 조종사는 비행기의 출력을 최대로 올립니다. 걸림줄에 걸리지 못하면 추락하기 때문에 재상승에 대비하는 것입니다.

우리나라도 한때 대양해군을 지향하면서 항모 보유 필요성이 논의되기도 했습니다. 그러나 남북 대치 상황에서 연안 방위의 중요성, 좁은 해역과 막대한 운영비 등의 반대 논리에 막혀 별다른 진전이 없었습니다. 주변국이 항공모함을 보유하게 되면서 언젠가 이 문제가 다시 논쟁의 대상이 될지 모르겠습니다.

U-보트

미국 해군대학에서 연수할 때였습니다. 연구실에서 기지 내의 숙소로 가는 길은 연구실 앞길을 건너 총장관사 뒷길을 따라 10분 정도 걸어가야 했습니다.

긴 겨울을 지낸 수령이 족히 100년은 넘어 보이는 아름드리나무에서 싹이 돋고 잎을 피우는 모습을 보면서 계절의 변화와 자연의 생명력을 느끼면서 걷는 것은 외로운 연수 생활의 작은 위안이었습니다.

매일 다니던 그 길 옆에서 어느 날 전에 보지 못했던 새로 만들어진 조그만 공간을 발견했습니다. 인부들이 공사를 하길래 며칠간 다른 길로 돌아서 다녔는데 그사이 만들어진 것입니다. 배의 추진체인 스크루 두 개가 양옆으로 놓여 있고, 그 가운데 안내판이 서 있는 한 평 남짓한 공간이었습니다.

발길을 멈추고 안내판에 새겨진 내용을 읽어보니 제2차 세계대전이 끝날 무렵 이곳 가까운 연안에서 격침된 독일 잠수함 'U-853'에 관한 것이었습니다. 적국 독일 잠수함의 기념 공간이 해군대학 내에 조성된 것이 조금 의아스럽기도 했지만, 독일 잠수함이 미국의 연안까지 침투했었다는 사실이 놀라웠습니다.

안내판의 내용은 이랬습니다. 독일이 항복하기 직전 미국은 10여 척의 독일 잠수함이 미국 연안에서 작전을 하고 있다는 정보를 파악했습니다. 격침된 U-853함은 그중의 한 척으로서 전에 미 전함을 격침시킨 요주의 잠수함이었습니다. 미국이 특히 긴장했던 것은 이들 잠수함이 연안으로 접근하여 뉴욕을 공격할 수 있다는 것 때문이었습니다.

1945년 5월 4일 독일 잠수함들은 본국으로부터 부상하여 항복하라는 명령을 받았습니다. 그러나 U-853함은 항복 명령을 전달받지 못했는지, 아니면 끝까지 싸우다 옥쇄하겠다는 각오였는지 5월

5일 미국 전함 한 척을 공격했습니다.

U-853의 위치를 파악한 미 해군은 인근의 전함을 총동원하여 추적했고 이곳의 해안에서 격침시켰습니다. 기념 공간에 전시된 스크루는 이후 구난업체에서 건져 올린 것을 전시해 놓은 것이었습니다.

제1, 2차 세계대전을 통하여 미국과 연합국에게 가장 위협은 'U-보트Undersea Boat'로 불리는 독일 잠수함들이었습니다. 제1차 세계대전 시 강력한 영국 해군에 의해 봉쇄되었던 독일은 잠수함 공격에 주력했습니다.

독일은 캐나다, 영연방, 미국 등으로부터 대서양을 건너 영국으로 수송되는 군수물자를 U-보트로 공격했습니다. U-보트는 연합군에 비해 열세인 독일 해군력을 만회할 수 있는 '비대칭 전력'이었습니다.

당시 잠수함은 기술력이 약해 속도가 느렸고 수중 체류 시간도 짧았습니다. 잠수함이라지만 공격 관행은 수면 하에서보다 해상에서 어뢰나 갑판의 대포로 하는 공격이었습니다. 그러나 독일 잠수함 공격에 대한 뾰족한 대응 방법이 없었기 때문에 연합국의 피해는 상선의 손실을 지탱할 수 없을 만큼 심각했습니다.

독일은 상선뿐만 아니라 민간 여객선에까지 잠수함 공격을 감행했습니다. 1915년 5월에는 여객선 '루시타니아'호를 격침시켜 1,198명의 민간인이 목숨을 잃었습니다. U-보트에 의한 무차별 공격은 중립을 유지하던 미국이 1차 대전에 참전하게 된 중요한 계기였습니다.

독일 잠수함 U-995. 나치 독일 해군 크릭스마리네(Kriegsmarine)의 7형(Type VIIC) U-보트이다. 독일 라보에 소재. (사진:Shutterstock)

비대칭 전력 '잠수함'

U-보트 전쟁은 제2차 세계대전 때도 대서양에서 벌어진 이른바 '대서양 전쟁'의 핵심이었습니다. U-보트 공격은 연합국의 보급품, 물자, 병력 수송라인을 파괴시키는 데 아주 효과적이었습니다.

처칠이 독일에 항복을 생각했을 만큼 영국은 U-보트 공격에 의해 해상교통로가 차단되는 치명적인 피해를 입었습니다. 전시기록에 의하면 제2차 세계대전 기간 중 U-보트에 의해 총 4,409회의 상선 공격이 있었고, 그 결과 2,919척의 상선이 침몰했습니다.

제1차 세계대전에 비해 수중음파탐지기 등을 이용한 잠수함 격퇴 기술이 월등히 발전했지만, 잠수함 성능 역시 출중하게 발전되어 잠수함 공격에 대한 방어는 실패로 끝났습니다. 결국 호송선단을 만들고 호위함이 에스코트를 했습니다.

호송선단 전투의 균형을 깨트린 것은 항공모함이었습니다. 연합군은 호위용 소형 항공모함 여러 척을 전투에 배치했습니다. 단지 몇 대의 비행기만 탑재할 수 있는 소형 항공모함이었지만 호송단과 함께 정찰과 해공 입체 공격이 가능해져 U-보트 공격에 효과적으로 대응할 수 있었습니다.

수년 전 북한이 잠수함에서 탄도미사일SLBM을 발사하는 실험을 했습니다. 북한 잠수함 전력은 핵무기, 생화학무기 등과 함께 우리의 안보에 가장 위협적인 '비대칭 전력'입니다. 소나SONAR 등 잠수함 탐색 기술이 발전해도 물속 깊은 곳으로 은밀히 잠항하는 잠수함을 발견하기란 쉬운 일이 아니고 연안으로 접근하여 미사일 공격을 하는 잠수함은 치명적인 위협이 될 수 있습니다.

미 해군대학 연수

해양경찰에서 퇴직한 직후 미국 해군대학U.S. Naval War College의 국제해양법 연구센터인 '스톡턴 센터Stockton Center'에서 몇 달간 연수를 한 적이 있습니다. 해군대학은 로드아일랜드주의 인구 2만여 명의 작은 해안도시 뉴포트에 자리 잡고 있습니다.

영국 식민지 시대에 번창했던 뉴포트에는 해변을 따라 당시 건축된 부호들의 대저택들이 줄지어 서 있습니다. 피서철에 케네디, 아이젠하워 등 역대 대통령들이 즐겨 찾아 '섬머 화이트 하우스Summer White House'라 불리기도 합니다.

그림 같은 아름다운 경치와 달리 뉴포트는 미국 역사의 어두운 단면을 간직하고 있는 곳이기도 합니다. 17세기 후반에서 18세기 초까지 뉴포트는 북미 해안을 노략질했던 해적들의 본거지였고, 뉴잉글랜드 지역의 노예무역 중심지었습니다.

카리브해 노예농장에서 생산한 사탕수수를 가져와 이곳에서 럼주를 생산했습니다. 당시 로드아일랜드의 30여 개 주류공장 중 22개가 뉴포트에 있었다고 합니다. 노예상들은 여기서 생산된 럼주를 서부 아프리카에 싣고 가서 팔고 그곳의 흑인 노예를 사 왔습니다. 이른바 '삼각무역'의 중심지가 뉴포트였습니다.

북미 전역으로 가는 노예선의 90퍼센트 이상이 로드아일랜드에서 출발했는데 뉴포트가 그 중심이었습니다. 노예무역으로 거부가 된 뉴포트의 상인들이 미 해군 창설에 많은 재정적 기여를 했습니다.

해군대학은 미 해군의 중간급 이상 장교의 직무교육을 하는 곳입니다. 이와 함께 싱크 탱크로서 해군 전략을 개발하고 있습니다. 특히 정치·군사적 이슈와 해군의 신기술을 결합시켜서 수행하는 '워 게임War Game' 연구는 가장 엄격한 보안을 지키면서 수행하는 임무입니다. 또한 해군 함정에서 필요한 실무 전술과 훈련 교본을 개발합니다.

해군대학은 해군사관학교 예비생도 교육기관이기도 합니다. 이곳을 통과해야 사관학교에 정식 입교가 됩니다. 연수하는 동안, 삭

발하듯이 짧게 깎은 머리의 앳된 얼굴을 한 남녀 예비생도들이 대열을 지어 캠퍼스를 행진하거나 식당에서 절도 있게 식사하는 모습과 매일 마주쳤습니다.

해군대학에서는 해군뿐만 아니라 육군, 공군, 해병대, 해안경비대 장교와 관련 정부기관의 공무원들도 함께 교육을 받고 있습니다. 합동성 강화와 상호 네트워크 형성이 목적입니다. 본관 건물 복도 벽면에 이곳을 졸업한 현역 육군 대장의 사진이 걸려 있습니다. 여기에는 또한 50여 국가에서 온 해군 장교들이 지휘자 과정과 참모 과정에서 공부하고 있습니다.

연구실로 가기 위해서는 벽돌로 지어진 고색창연한 본관 건물에 들어서서 좌측으로 이어진 긴 복도를 따라가다 '루스 홀'을 지나가야 했습니다. '루스 홀'은 해군대학을 창설한 스테판 루스Stephen B. Luce 제독의 이름을 따서 지은 것입니다.

루스 제독은 장교들을 체계적으로 직무교육을 시킬 수 있는 고급교육기관의 필요성을 절감하고 해군성에 해군대학 창설을 건의했습니다. 마뜩하지 않던 해군성은 해군 발전을 위한 확고한 신념을 가진 루스 제독의 끈질긴 설득 앞에 제안을 받아들였습니다. 이렇게 하여 1885년 해군대학이 설립되었습니다.

초대 총장을 맡은 루스 제독은 장교들에게 가장 필요한 것이 전쟁 수행 교육이라는 신념을 가지고 있었습니다. 그래서 항상 전쟁을 상기시키고 해전 교육에 중점을 둔다는 의미로 '네이벌 워 칼리지Naval War College'로 명명했습니다.

미국 해군대학(U.S. Naval War College). 130여 년 전 10여 명의 학생으로 시작한 해군대학은 미 해군 최고의 싱크 탱크로 성장했다. (사진:Shutterstock)

해군대학은 제1, 2차 세계대전과 이후 미국이 치른 수많은 전쟁에서 전략적으로 해군을 뒷받침했습니다. 해군대학이 개발한 '전쟁 게임이론'은 미국의 승리에 큰 기여를 했습니다.

130여 년 전 10여 명의 학생으로 시작한 해군대학은 미 해군 최고의 싱크 탱크로 성장했습니다. 이곳을 졸업한 해군 장교들은 오늘날 전 세계 바다에서 초강대국 미국의 힘을 투사하고 국익을 실현시키고 있습니다.

군기가 바짝 든 모습으로 구호를 외치며 절도 있게 식사하는 해군사관학교 예비생도들의 모습이 예사롭게 보이지 않던 이유였습니다.

"테러 집단의 소름끼치는 상상력에는 한계가 없다"

2015년 11월 프랑스 파리에서 이슬람국가IS의 무차별적인 총기 난사 테러로 120여 명의 사람이 사망하고 수백 명의 사람들이 부상을 입었습니다. 탈냉전시대 국제분쟁의 특징은 이념에 의한 진영 간 분쟁은 쇠퇴한 대신 냉전 시대에 억눌려 있던 민족·지역·종교·문명 갈등이 분출하고 있다는 것입니다.

새뮤얼 헌팅턴Samuel Huntington은 이러한 현상을 '문명의 대결'이라는 틀로 분석하고 있습니다. '문명 대결 시대'에서 분쟁의 양상이 가장 심각하고 복잡한 것은 수천 년 역사에 뿌리를 두고 이어져 오는 종교분쟁입니다.

오늘날 중동을 비롯한 세계 곳곳에서 기독교와 이슬람, 이슬람과 유대교, 세속 정권과 이슬람 집단, 이슬람 종파 간 유혈 종교분쟁이 벌어지고 있습니다.

테러리즘Terrorism은 '폭력을 행사하거나 위협을 통하여 특정 개인이나 집단에 충격이나 공포를 유발시켜 정치적 목적을 실현하는 행위'로 설명될 수 있습니다. 테러에서 가장 핵심적인 요소가 '폭력'에 의한 '공포심의 유발'입니다. 폭력행위를 통하여 대중의 공포심을 유발하여 사회를 혼란에 빠뜨리고 분열을 조장하는 것이 테러 집단의 목표입니다.

테러 공격은 장소와 대상을 가리지 않습니다. 육상, 공중 테러에 비해 많지는 않지만 해양이라고 예외가 될 수 없습니다. 해양 테러의 유형에는 선박 납치, 승객 살해, 선박 폭파, 선박 충돌, 항만시설 공격, 사이버 공격 등이 있습니다. 다중의 승객이 타고 있는 선박은 테러 분자들에게 좋은 공격 목표가 되어 왔습니다.

2004년 필리핀에서 일어났던 여객선 '슈퍼 페리 14'호 사건은 선박 테러에 의해 가장 인명피해가 큰 사건이었습니다. 이 테러로 116명이 사망했습니다. 899명의 승객과 승무원을 태운 1만 급의 여객선 '슈퍼 페리 14'호는 마닐라를 떠나 카가얀 데 오로Cagayan de Oro 시를 향해 항해 중이었습니다.

승객이 붐비는 갑판에 3.6킬로그램의 TNT를 장착한 TV가 설치되었습니다. 항해를 시작한 지 한 시간쯤 후 폭탄이 폭발하였고 배는 화염에 휩싸였습니다. 처음에는 선박 자체의 결함에 의한 폭발로 알려졌으나 조사 결과 필리핀 남부에 기반을 둔 이슬람 극단주의 무장단체 '아부 사야프Abu Sayyaf'의 사주를 받은 자에 의해 폭발물이 설치되었다는 것이 밝혀졌습니다. 보호비 명목으로 100만 달러를 요구했으나 선박 소유 회사가 응하지 않자 이에 따른 보복으로 테러를 한 것으로 밝혀졌습니다.

군함이나 유조선은 테러 분자들이 노리는 대상이 되고 있습니다. 2000년 10월 연료 보급을 위해 예멘항에 정박 중이던 미 해군 구축함 '콜USS Cole'호에 폭발물을 실은 보트가 충돌하여 17명이 숨지고 39명이 부상했습니다. 2002년에는 예멘 인근 아덴만에 정박 중이던 프랑스 유조선 '림버그Limburg'호에 폭탄을 실은 보트가 충돌해 화재가 나면서 9만 배럴의 기름이 바다로 유출되고 1명이 사망하고 12명의 선원이 부상을 당했습니다.

수백 명의 승객이 타고 있는 여객선이나 폭발성 화물을 싣고 있는 선박에 대한 해상 테러는 많은 인명피해와 함께 항만이나 해상 교통로의 마비를 가져올 수 있습니다. 이에 따른 결과는 항만·물류 시설의 마비, 수출입 화물 운송 차질 등 막대한 피해를 가져올 수 있습니다.

"테러 집단의 소름끼치는 상상력에는 한계가 없다."

프랑스 총리의 말을 되새겨 볼 때입니다.

디지털 시대의 복합 테러

오늘날 해양에서는 전통적 테러와 전혀 다른 형태의 테러 위협에 직면해 있습니다. 선박이나 항만시설에 대한 테러 공격은 선박을 이용하여 접근하거나 보안시설을 통과해야 하기 때문에 상대적으로 실행이 어려워졌습니다. 그러나 디지털 시대에 정보화가 고도화되면서 물리적 테러와 사이버 공격이 결합된 '복합 테러'라는 새로운 형태의 테러 위협에 노출되고 있습니다.

해킹이나 악성코드에 의한 항만물류 시스템 교란, 항만시설 드론 공격, 선박식별장치AIS나 위성항법시스템GPS 조작에 의한 선박 항행 교란, 해저케이블 손상이나 공격에 의한 데이터 전송 마비 등의 시나리오를 생각할 수 있습니다.

항만 운영시스템을 해킹하거나 악성코드를 심어 운영을 마비시키거나 특정 화물에 대한 정보를 조작하여 밀수에 이용하는 것입니다. 해양 사이버 테러입니다. 해양 테러는 전통적인 물리적 테러에서 사이버 테러로 패러다임이 변하고 있습니다.

폭발물을 실은 드론을 이용하여 국가 기간시설인 항만을 공격하거나 정박 중인 선박을 공격할 수 있습니다. 전략물자 수송이 이루어지는 항만 기능의 마비는 국가 안보와 경제에 치명적인 결과를 초래할 수 있습니다. 특히 전시에 항만 기능의 마비로 군수물자, 병력 이동, 외국으로부터의 지원이 차단된다면 어떠한 결과를 초래할지 상상하기 어렵지 않습니다.

해저케이블 안보

전 세계 데이터 통신의 95퍼센트는 해저케이블에 의해 이루어지고 있습니다. 해저케이블이 테러 공격, 고의적 훼손, 지진·화산·쓰나미 등 자연재해로 손상되면 국제 금융거래, 항만물류, 항해시스템, 기업 간 데이터 전송, 군사, 외교 커뮤니케이션 등 국가의 모든 기능이 마비될 수 있습니다. 해저케이블 기능이 마비되면 우리의 일상에서 필수불가결한 인터넷, 이메일, SNS, 전화, 폰뱅킹 등이 마비되고, 그에 따른 엄청난 사회적 혼란과 함께 상상을 초월하는 피해가 발생할 수 있습니다.

우리나라는 어느 국가보다 대륙 간 인터넷 사용량이 많은 국가입니다. 11개 해저케이블 망은 부산, 거제, 태안에 위치한 세 곳의 육양국Landing Station을 통해 외국과 연결됩니다. 분단으로 실질적인 섬이 되어버린 상황에서 외국과의 국제통신과 디지털 경제는 전적으로 해저케이블에 의존하고 있습니다.

디지털 강국임에도 우리나라는 그동안 국제통신 인프라 구축 및 운용은 미흡하여 일본, 대만 등 타국을 경유한 해저케이블을 통해 통신을 제공받고 있습니다. 일본을 거쳐 미국으로 넘어가고, 대만과 중국을 경유해 유럽이나 다른 대륙으로 데이터가 전송되고 있습니다.

중국이 대만을 상대로 무력 공격을 하거나 이로 인해 미·중 간 무력 충돌이 일어나는 경우 대만 인근 해저에 깔린 해저케이블에 대한 공격 가능성이 대두되고 있습니다. 이런 상황이 일어나면 해저케이블 대부분이 중국과 공유되고 대만과 연결되어 있기 때문에 상상하기 어려운 직접적인 피해를 입게 될 수 있습니다.

2011년 동일본 대지진 때 일본과 연결된 해저케이블이 손상되어 우리도 해외사이트 접속이 방해를 받은 경험이 있듯이, 동아시아 해저의 활발한 화산활동도 해저케이블 안보를 위협하는 요인이 되고 있습니다.

부산 육양국에만 8개 국제회선이 집중되어 연결되어 있다는 것도 안보 취약 요인입니다. 집중화된 육양국은 전시에 집중적 공격 목표나 평시 테러의 대상이 될 수 있습니다. 이곳 기능이 마비되면 외국과 통신이 전면 단절되고 국가 기능이 마비되는 치명적인 상황이 초래될 수 있습니다.

현재 직면하고 있는 중대한 위협 요인은 중국의 해저케이블 해킹에 의한 데이터 탈취_{하이재킹}나 감청입니다. 미국, 캐나다, 이탈리아, 일본 등 여러 국가가 중국의 데이터 하이재킹 피해를 입은 적이 있고, 우리나라도 예외가 아닙니다. 2016년 약 6개월 동안 중국 통신사에 의해 캐나다와 우리나라 사이의 정부 간 통신이 감청당한 것으로 알려졌습니다.

바닷속 생명줄

이러한 리스크에 대응하기 위해서는 해저 광케이블망의 이중화Redundancy가 필수적입니다. 미국의 데이터센터들과 연결되는 한국의 해저케이블은 단 두 개의 회선으로 연결되어 있습니다.

이중화는 한 회선이 문제가 생기더라도 데이터를 우회시킬 수 있습니다. 중국의 위협을 의식해 15회선에 달하는 기존의 해저케이블 망 이외에 중국을 통과하지 않는 새로운 회선과 우주 인터넷 구축에 적극적인 대만의 사례는 우리에게 시사하는 점이 크다고 할 수 있습니다.

이와 함께 취약 지점을 파악하여 복원력 향상을 위한 훈련을 하고, 자연재해나 고의적 훼손에 쉽게 손상되지 않도록 하는 보호장치의 개발이 필요합니다. 해군, 해경 함정에도 해저케이블 위협을 탐지할 수 있는 장비를 탑재하여 운영할 필요가 있습니다.

해저케이블 절단 및 문제 발생 시 신속히 출동하여 수리할 수 있는 전문 선박을 충분히 갖추어야 합니다. 그리고 미국, 일본과 다른 동아시아 지역 국가들과 해저케이블 안보협력체를 구축하고 지역

안보 차원에서 공동으로 해저케이블 보호에 나서야 합니다.

디지털 시대에 해저케이블은 사실상 섬나라인 우리나라를 외부와 연결시켜 주는 바닷속 생명줄과 같습니다. 바다 깊은 곳에서 수백 수천 킬로미터에 달하는 해저케이블에 대해 조치를 하는 것은 결코 쉬운 일은 아니지만, 디지털 시대 우리의 생존을 위해 꼭 해야 할 일입니다.

Part
5
해양 분쟁

9.
출렁이는 한반도 주변 바다

중국의 해양공정

중국은 미국과 패권을 경쟁하는 G2 국가로 부상하면서 주변국 역사를 중국 중심으로 왜곡하며 자신의 역사 과정에 편입시키려 하는 이른바 '역사공정'을 시도하고 있습니다. 중국이 천하의 중심이며, 주변국은 오랑캐라는 오랜 중화주의 역사관에 따라 주변국 역사를 변방의 역사로 무시하거나 자신의 역사의 일부로 해석하는 것입니다.

만주와 요동을 차지했던 고구려의 정체성을 부정하고 중국의 속국이었다고 주장하는 '동북공정 東北工程'이 대표적이라 할 수 있습니다. 수년 전 시진핑 주석이 트럼프 대통령에게 한반도는 과거 역사에서 오랜 기간 중국의 속국이었다고 설명했던 것도 그러한 맥락입니다.

중국의 역사공정은 육상에서만 일어나는 일이 아니고 바다에서도 일어나고 있습니다. 국제법을 무시하고 위력을 내세워 추진하는 중국의 해양관할권 확장이 그것입니다. 국제해양법을 무시하고 역사적 권원을 주장하며 일방적인 해양 팽창을 추구하는 중국의 태도는 역사공정에 비견되는 '해양공정'이라 할 수 있습니다.

그 대표적인 사례가 남중국해에서 주장하는 '남해구단선'입니다. 중국은 근거가 모호한 9개의 선을 긋고 그 안의 모든 수역에 대해 영유권을 주장하고 있습니다. 명·청 시대에 중국 어선들이 조업했던 어장이었다는 것을 유력한 근거로 삼고 있습니다.

중국은 '바다의 헌법'이라 불리는 유엔해양법협약에 의해 부여된 연안국들의 배타적 경제수역EEZ과 대륙붕 선포 권리를 무시하고 역사적 근원을 주장하며 남중국해를 자신의 통제하에 두려 하고 있습니다.

중국이 주장하는 남중국해의 구단선

중국의 해양공정은 남중국해만의 문제가 아닙니다. 한반도 주변의 동북아 바다에서도 일어나고 있습니다. 일본과 영유권 분쟁을 벌이고 있는 센카쿠제도_{중국명 댜오위다오}에 대한 중국의 영유권 주장도 명·청 시대에 그곳이 중국 어선들의 조업 기지였다는 것입니다.

서해에서도 이와 비슷한 일이 일어나고 있습니다. 중국이 자국의 배타적 경제수역으로 주장하는 이어도 수역도 그 옛날 중국 어민들의 어장이었다는 주장입니다. 또한 중국 어선의 불법조업과 해양경계획정 문제에 대한 중국의 자세에서 서해는 먼 옛날부터 자신들이 통제한 앞바다, 즉 내해였다는 인식을 엿볼 수 있습니다.

중국은 분쟁 해역에서 지배력을 강화하는 수단으로 '회색지대 전술Grey Zone Tactics'을 사용하고 있습니다. 비군사적 수단을 사용하여 직접적인 군사적 충돌을 피하면서 자국의 의도를 점차적으로 실현하는 전술을 말합니다. 남중국해에서 행해지는 중국의 해상민병대 동원, 산호초 매립, 인공섬·군사기지·해저터널 건설, 해경선박 순찰·위력과시 등이 그것입니다.

중국은 일대일로 정책에 의해 중국 남부에서 동남아를 거쳐 중동, 아프리카, 유럽을 통해 동서양을 이어주던 그 옛날 해상 실크로드를 따라 전략적 항로와 항구를 연결하는 '신 해상 실크로드'를 건설하고 있습니다. 중국이 보여준 그간의 행태는 해양 지배력을 강화하겠다는 또 다른 해양공정이 아닌가 하는 의구심을 들게 합니다.

서해 잠정조치수역 구조물

중국이 서해 잠정조치수역 Provisional Measure Zone 에 설치한 대형 철골 구조물을 두고 논란이 뜨겁습니다. 양식시설이라고 주장하는 구조물을 2018년부터 시작하여 3개를 설치했고 앞으로 2~3년 내에 12개까지 늘릴 것이라는 계획입니다. 이 중 관리용으로 사용되는 구조물은 중동 지역에서 사용되다 폐기된 석유시추선으로 확인되었습니다.

동중국해에서도 이와 같은 일이 벌어지고 있습니다. 중국은 일본과 공동개발을 하기로 한 수역에서 일본의 항의에도 불구하고 서해와 유사한 철골 구조물을 설치해 오고 있습니다.

우리 정부가 중국의 서해상 구조물 설치를 처음 파악한 때는 2020년 3월이었습니다. 당시 유사한 대형 구조물을 잠정조치수역에 설치하자는 '비례 대응' 방안을 검토했지만 경제성과 기술적 문제 때문에 실행되지 않았습니다.

이러는 사이 중국은 추가로 두 개의 구조물을 설치했습니다. 사태의 심각성을 인식한 우리 정부는 중국 정부에 어업협정 위반이라며 외교 채널을 통해 항의하고 있습니다.

단순한 민간용 어업 양식시설이 아니라 석유시추, 감시활동이 가능한 반고정식 플랫폼이며, 서해를 내해화하기 위해 해양전략 전초기지로 삼겠다는 '서해공정'의 일환이라는 주장도 있습니다.

이에 대해 중국 측은 "심해 어업 양식시설이며 근해 해양자원을 합리적으로 이용하는 것", "한중어업협정을 위반하지 않으며 협정에 따른 한국 측 권익에 영향을 미치지 않는다"라고 주장하고 있습니다.

2025년 제3차 한중 해양협력대화에서 한국 측의 철거 요구에 대해 중국 측은 거부했습니다. 해당 구조물이 민간이 투자한 양식시설이며 영유권이나 해양경계 획정 문제와는 무관하다는 것이 중국 측 주장이었습니다.

양국은 일단 외교 대화로 갈등과 긴장 관계가 높아지는 것을 피했지만 그렇다고 문제가 해결된 것은 아닙니다. 이 문제는 해양경계 획정이 미해결인 채로 있는 서해에서 중국 어선의 불법 어업 문제와 함께 한·중 해양 갈등의 큰 불씨로 남을 전망입니다.

서해 내해화 시도

중국이 잠정조치수역에 철제 구조물을 연이어 설치하는 것은 '서해공정', '서해 내해화' 전략의 일환으로 분석되고 있습니다.

중국은 19세기 중반부터 20세기 중반 공산 중국이 성립되기 전까지 바다를 통해 침입한 서양 세력으로부터 국권 침탈을 당한 이른바 '치욕의 한 세기'를 보냈습니다. 두 번의 아편전쟁이나 중일전쟁에서 외세는 서해를 거슬러 올라오거나 건너와 발해만을 통해 곧바로 중국의 심장부인 수도 베이징을 위협했습니다.

이러한 역사 때문인지 중국은 서해에서 외국 군함 통항이나 군사 활동에 대해 아주 예민한 반응을 보여 왔습니다. 서해에서 한미 해상 합동훈련이 중국 측 항의로 훈련 장소를 옮겨야 했던 적이 한두 번이 아니었습니다. 이러한 중국의 반응은 지난 역사의 경험과 수도 베이징 코앞에 있는 서해의 군사 전략적 중요성 때문이라 분석됩니다.

중국은 발해만을 오랜 역사 속에서 인정된 '역사적 만 Historic Bay'으로서 내해 內海로 주장하고 있습니다. 내해는 강이나 항만과 같이 연안국의 완전한 주권이 미치는 수역으로서 외국 선박이 통항하기 위해서는 허가를 얻어야 합니다.

우리에게 서해는 북한과의 NLL 수역과 중국과 마주하고 있는 전략적으로 지극히 중요한 안보 공간입니다. 그렇기 때문에 잠정조치수역에 설치한 철제 구조물이 한국과 주한 미군의 활동을 감시할 수 있다는 우려가 제기되고 있습니다. 바닷속 수십 미터까지 내려가는 철골 구조물에 설치된 전파탐지 장비로 잠수함의 움직임이나 함정의 움직임을 탐지할 수 있다는 것입니다.

구조물 주변은 칭다오의 북해함대가 서해, 동중국해로 이동하는 주요 경로입니다. 중국 해군은 최근 수년간 서해에서 군사훈련, 해양조사 활동을 강화하며 활동 범위를 점차 한반도 방향으로 확대하고 있습니다.

중국 해군과 동경 124도

우리의 경계심을 자극하는 것이 중국 해군의 동향입니다. 24년 한 해에만 우리 관할 해역에 330회 넘게 진입했습니다. 최근 몇 년간 매년 그 횟수가 큰 폭으로 늘어나는 추세입니다. 이러한 중국 해군의 움직임은 서해를 한반도 유사시뿐만 아니라 대만해협 위기 상황까지 고려한 조치로 분석되고 있습니다.

중국은 수년 전부터 동경 124도를 작전 경계선으로 삼고 우리 해군함정이 이 선 서쪽으로 넘어오지 못하도록 요구하고 있습니다. 동경 124도는 서해 중간선보다 우리 쪽 수역입니다. 국제법적 근거도 없이 일방적으로 설정한 작전선을 준수하도록 요구하고 있습니다.

서해에서 중국이 취하는 일련의 조치와 행태는 종국에는 서해를 자신들의 내해로 만들겠다는 야심에서 비롯된 것으로 보입니다. 이를 위해 회색지대 전술을 사용하고 있다고 의심되고 있습니다. 분쟁 해역에 구조물 설치로 군 요새화하고, 자신의 바다라고 주장하는 것은 남중국해에서 중국이 사용하는 전형적인 회색지대 전술입니다.

서해 해양경계 획정

1996년 한·중은 양국이 비준한 유엔해양법협약에 따라 서해에서 자국의 배타적 경제수역EEZ을 선포했습니다. 이보다 2년 앞서 유엔해양법협약이 발효되었지만 한·중·일은 곧바로 자국의 EEZ를 선포하지 않고 2년의 시간이 흐른 뒤 선포했습니다. 도서 영유권 문제, EEZ 경계 중첩 등의 문제 때문이었습니다.

'바다의 헌법'이라 불리는 유엔해양법협약은 연안국에게 해안선으로부터 200해리약 370킬로미터 EEZ 선포와 그 안의 해양자원에 대한 주권적 권리를 부여하고 있습니다. 연안국은 자국 EEZ에서 어자원이나 석유, 가스 등 천연자원을 개발하고 이용할 수 있는 권리를 배타적으로 행사할 수 있게 되었습니다. 유엔해양법협약이 채택되기 전에는 연안국은 영해나 접속수역이라는 연안으로부터 멀지 않은 해역에 대한 통제권만 행사할 수 있었습니다.

서해에서 어업 문제도 마찬가지입니다. 그전에는 우리의 경우 어업 자제선이라는 자율적인 어업한계선을 설정하여 우리 어선이 중국 연안에서 조업하다 피랍되는 것을 막기 위한 조치를 했습니다. 당시 닭 울음소리를 들을 수 있을 만큼 중국 연안 가까이 진출하여 조업할 수 있었습니다. 그러나 EEZ가 선포되면서 상대방 EEZ에서 조업은 허가된 선박 외에는 할 수 없게 되었습니다.

폭이 400해리가 되지 않는 서해에서 한·중 양국이 EEZ를 선포하면서 양국 EEZ가 중첩되는 문제가 발생하게 되었습니다. 양국은 중첩된 EEZ와 대륙붕 경계 획정을 어떻게 할 것이냐를 두고 오랜 기간 협상을 해왔지만, 아직 합의에 이르지 못하고 지금껏 미획정인 채로 있습니다.

유엔해양법협약 제74조제3항은 경계 획정이 미획정인 상태에서 "잠정조치를 취할 수 있고, 과도적인 기간 동안 최종합의를 이르는 것을 위험하게 하거나 방해하지 말아야 한다"라고 규정하고 있습니다. 중국이 잠정조치인 잠정수역에서 해상 구조물을 설치한 것은 이 규정을 위반한 행위입니다.

한·중 양국이 지금까지 서해 경계 획정을 하지 못하고 있는 본질적인 이유는 획정 결과에 따라 당초 자국이 주장한 해양관할권이 늘거나 줄어들 수 있기 때문입니다. 해양주권에 관한 문제이기 때문에 결코 한쪽이 양보하기 어려운 사안입니다. 양보한 일방은 거센 국내 정치적 비판에 직면해야 하는 부담을 안고 있습니다. 이것은 한·일, 중·일 간 똑같은 문제입니다.

이와 함께 양국이 적용하는 해양경계 획정 원칙에서 큰 차이가 있습니다. 중국은 EEZ 경계선이 해안선 길이, 인구 등을 고려하여 중간선에서 한국 쪽으로 더 많이 이동해야 한다는 주장입니다. 이른바 '형평의 원칙'입니다. 대륙붕 경계선은 중국대륙의 해저지형이 이어진 곳까지 자국 대륙붕이라는 '육지 영토의 자연연장론'에 의해 이 역시 한국 쪽으로 더 이동해야 한다고 주장하고 있습니다.

우리로서는 우리 측 관할권이 줄어드는 중국의 주장은 받아들이기 어려운 안입니다. 대신 우리 측은 국제관행에 따라 양국 해안으로부터 같은 거리에 있는 중간선을 따라 EEZ와 대륙붕 경계를 획정해야 한다고 주장합니다.

이러한 양국의 입장은 수십 년째 평행선을 달리고 있어서, 아직도 해양경계는 미획정인 채로 남아 있습니다. 한 당사자가 양보하면 다른 당사자가 득을 보게 되는 'WIN-LOOSE' 상황이 되기 때문에 자국이 주장하는 원칙을 고수하고 있습니다.

해양경계 획정을 둘러싼 분쟁은 동아시아 해양 문제의 근원이라 할 수 있습니다. 동아시아 바다에 안정과 질서를 가져오기 위해서는 해양경계가 조속히 획정되어야 합니다.

한·중어업협정과 잠정조치수역

해양 구조물 설치 논란에 대한 이해를 위해서는 잠정조치수역이 무엇이며 생겨난 배경이 무엇인지 알아볼 필요가 있습니다. 한·중 양국은 EEZ와 대륙붕의 경계는 미획정 상태로 남겨둔 채 시급한 어업 문제를 먼저 해결하기로 하고 유엔해양법협약에 따라 어업협정을 새롭게 체결했습니다.

1993년부터 수십 차례의 협의 끝에 2000년 협상을 마치고 어업협정을 체결하여 2001년부터 발효되었습니다. 어업협정은 관할권 주장이 겹치지 않는 연안으로부터 60~70해리 수역에 대해 양국의 EEZ를 인정하였습니다. 양국은 자국 EEZ에서 어업에 대한 전적인 통제권을 행사합니다. 상대국 어선은 매년 결정되는 어획량과 조업선 척수에 따라 허가를 받아 조업할 수 있습니다.

어업협정이 실행되면서 갑작스러운 어업 관행의 변화에 따른 충격을 완화하기 위한 조치로서 양국은 자국 EEZ 밖에서 기존의 어업 관행을 일정 기간 인정하기로 했습니다. '과도수역'이라 이름 붙인 이 수역은 4년 후 각국의 EEZ로 편입되었습니다.

그리고 중첩 수역에 대해 '잠정조치수역'을 설치하기로 했습니다. 북위 32도 11분에서 37도 사이에 설치된 잠정조치수역은 해양경계 획정 전까지의 임시 조치 수역이자 어자원을 공동관리하는 공동관리 수역입니다.

잠정조치수역에서는 양국이 자국 선박에 대해서만 단속할 수 있는 '기국주의旗國主義'가 적용됩니다. 그리고 어자원은 어업공동위원회의 결정에 따라 공동관리하게 됩니다. 잠정조치수역은 어자원 공동관리를 위해 설정된 수역이기 때문에 철골 구조물 설치와 같이 어업 이외의 행위를 하거나 해양경계에 영향을 미칠 수 있는 행위를 하는 것은 그 성격에 위배됩니다.

한·중어업협정 이행의 관리·감독을 위해 '어업공동위원회'를 두고 있습니다. 위원회는 매년 양국 EEZ에서 조업 가능한 어종별 어획량과 조업선 척수를 결정합니다. 지난 몇 년간 양국은 불법조업 방지를 위해 자국 EEZ에서 허용된 상대국 조업선 척수를 1,400여 척에서 매년 50척씩 줄여 1,200척으로 하고 있습니다.

우리나라 EEZ에서 입어료를 내고 합법적으로 조업할 수 있는 전체 중국 어선은 1,200척이라는 의미입니다. 이를 고려하면 우리 수역에 들어와 조업하는 연간 수만 척의 중국 어선은 허가받지 않고 불법적으로 조업하고 있다는 것입니다.

지속되는 중국 어선 불법조업

서해에서 중국 어선의 불법조업 문제는 어제오늘의 일이 아닙니다. 2001년 한·중어업협정이 발효된 이후 사반세기 가까이 지속되고 있는 고질적인 문제이면서 해결이 어려운 현안 중의 하나입니다.

중국이 패권국으로 부상하면서 외교·안보·경제·무역 등에서 중국이 우위를 점하고 있는 한·중 관계 현실에서 한국이 목소리를 높일 수 있는 거의 유일한 사안이기도 합니다.

중국 어선의 불법조업은 한·중어업협정과 이를 수용한 우리 관련 법률을 위반하여 조업하는 것입니다. 대부분 우리 배타적 경제수역EEZ에서 무허가나 조업 조건을 위반한 것입니다. EEZ뿐만 아니라 외국 어선의 조업이 금지된 우리 영해나 서해 5도 주변의 특정 해역, 북방한계선NLL 주변 수역에서 불법조업이 이루어지고 있습니다.

연간 수만 척의 중국 어선이 우리 수역에 몰려와 행하는 불법조업으로 인해 우리 어민들이 입는 피해나, 어종과 크기를 가리지 않는 '싹쓸이 조업'으로 어자원이 입는 피해는 이루 말할 수 없습니다. 우리는 중국 어선의 불법조업을 막기 위해 단속을 강화하고 중국 측에 문제 해결을 하도록 지속적으로 촉구해 왔습니다. 우리가 아무리 단속을 강화해도 근본적인 원인이 중국에 있다는 것이 문제 해결을 어렵게 하고 있습니다.

중국 어선 불법조업 요인

중국 어선 불법조업 문제의 원인이 무엇인지 알아보도록 하겠습니다. 중국 쪽에 주된 요인이 있지만, 우리에게는 불법조업의 유인이 있습니다.

중국 어선들이 한국 수역으로 불법조업에 나서게 하는 내적 요인, 즉 견출요인Push Factors은 연안 중국 수역 내 어자원 고갈, 어선·어민의 과잉, 수산물 수요 증가 등이 있습니다.

중국은 해안지역을 중심으로 공업화가 급속히 진행되면서 연안의 오염이 심각해졌습니다. 또한 소형 어선들이 연안 조업에 집중하면서 남획으로 인하여 연안 어자원이 고갈되다시피 했습니다. 중국 연안에서는 고기가 잘 잡히지 않는다는 의미입니다.

중국 어선과 어민의 과잉도 불법조업의 주요한 원인입니다. 중국은 어선 56만 척으로 세계 최대의 어선 규모이고, 어민이 300만에 이릅니다. 중국은 어선 숫자를 줄이는 감척 사업과 어민을 다른 직종으로 전환시키는 정책을 시행해 왔지만 적정 규모를 크게 초과하고 있습니다. 이들은 생계를 위해서 불법조업을 마다하지 않습니다.

중국인들의 수산물 소비 증가도 한 요인입니다. 중국의 수산물 소비는 지난 수십 년간 급증했습니다. 1990년 1인당 수산물 소비량 11.5킬로그램은 2020년 35.8킬로그램으로 증가했습니다.

중국은 세계 최대의 수산물 생산국이지만 수산물 소비가 늘어나면서 수산물 수입도 계속 증가하고 있습니다. 경제력을 가진 중국인들은 건강을 의식하면서 수산물을 더 찾게 되었고 한국산 수산물에 대한 선호도가 높습니다. 한국산 수산물의 가격이 높은 이유도 불법조업의 한 원인이 되고 있습니다. 중국인의 수산물 소비가 1킬로그램 늘어나면 그 전체 규모는 한 해 한국 연근해에 잡히는 어획량과 비슷할 정도입니다.

다음은 중국 어선들의 불법조업을 유인하는 우리 측 요인이라 할 수 있는 견인요소Pull Factors 입니다. 가장 주요한 요인은 우리 수역에서는 상대적으로 고기가 많이 잡힌다는 것입니다. 우리 정부는 지난 수십 년간 보조금을 지급하여 어선을 폐선시키는 '감척 사업'을 통해 어선을 지속적으로 줄여 왔습니다.

그리고 바다 밑을 훑으며 치어까지 잡는 일명 '고데구리'라고 하는 소형 기선 저인망 조업을 철저히 금지시켰습니다. 이러한 노력으로 연안의 어자원이 살아났습니다.

좁은 서해를 두고 인접해 있는 지리적 여건도 한 요인이 되고 있습니다. 서해에서 불법조업을 하는 중국 어선은 대부분 요동성, 산동성의 어선들입니다. 지리적 근접성으로 NLL 수역이나 우리 EEZ에 수 시간 내에 접근할 수 있고 당일치기 조업이 가능합니다. 멀리 떨어져 있는 일본 수역에서는 중국 어선들의 불법조업이 거의 없는 것과 같은 이유이기도 합니다.

그리고 단속될 가능성이 적은 것과, 단속되더라도 가벼운 처벌에 그치는 것도 한 원인입니다. 선단을 이루어 불법조업을 하는 수백 척의 어선 중 한 번에 해양경찰 함정에 단속되는 것은 불과 한두 척에 불과합니다. 동시에 여러 불법 어선을 제압하여 나포하는 것은 바다 여건상 어려운 일입니다.

어선 중 몇 척을 잡더라도 부과할 수 있는 최대 벌금액은 3억 원입니다. 단속된 한두 척 어선에 대해 선주는 벌금을 납부하더라도 불법조업으로 얻는 이익이 더 큰 것도 불법조업이 근절되지 않는 이유입니다.

중국 어선의 불법조업에는 앞에서 설명했듯이 여러 가지 요인이 작용하지만 가장 근본적인 이유는 중국 연안에는 고기가 잘 잡히지 않고 상대적으로 한국 수역에는 고기가 많다는 것입니다. 이러한 현상이 지속되는 한 불법조업 문제는 정도의 차이는 있겠지만 지속될 것입니다. 단속도 중요하지만, 불법조업 근절을 위해서는 중국 어민들이 불법조업에 나서게 되는 중국 내의 요인이 먼저 해결되어야 합니다.

더욱 지능화하는 불법조업

지난 몇 년간 양국은 불법조업 방지를 위해 자국 EEZ에서 허용되는 상대국 조업선 척수를 1,400여 척에서 매년 50척씩 줄여 왔습니다. 2024년 우리나라 EEZ에서 입어료를 내고 합법적으로 조업할 수 있는 전체 중국 어선은 1,200척입니다. 이를 고려하면 한국 수역에서 조업하는 연간 수만 척의 중국 어선 절대 다수는 불법조업 어선입니다.

그간 중국 어선의 불법조업 규모는 그다지 큰 변화가 없었지만, 코로나 시기를 전후한 최근 몇 년간 몇 가지 주목할 만한 변화가 있었습니다.

첫째, 불법조업 혐의로 해양경찰에 나포된 중국 어선이 큰 폭으로 감소했습니다. 2005년에서 2015년 기간 동안 연평균 471척의 중국 어선이 불법조업으로 나포되었습니다. 2015년 568척으로 정점을 찍은 후 2016년부터 큰 폭으로 감소해 왔습니다. 2016년부터 2023년 사이 나포된 중국 어선의 연평균 척수는 104척에 불과합니다.

이 같은 결과를 두고 어업 질서가 확립되고 있는 것으로 생각할 수 있으나 우리 수역에 출현하는 중국 어선 척수는 큰 변화가 없거나 오히려 증가하고 있습니다. 나포된 중국 어선이 감소했다고 해서 불법조업 문제가 완화되었다는 것을 결코 의미하지 않습니다.

단속 척수가 감소한 주된 원인은 코로나19 기간 해양경찰의 단속 방식 변화 때문입니다. 코로나 확산 방지를 위해 중국 어선과 접촉을 피해, 해경의 단속은 나포보다는 퇴거나 차단 위주였습니다. 이에 따라 이 기간 나포된 중국 어선은 2018년 136척, 2019년 115척에서 2020년 18척, 2021년 66척, 2022년 42척, 2023년 54척으로 큰 폭으로 감소했습니다.

둘째, 단속을 피하기 위한 '범장망'을 이용한 불법조업이 성행하고 있습니다. 2016년 처음 등장한 이래 가장 흔하게 이용되고 있는 중국 어선의 불법조업 방식입니다. 범장망은 자루그물 입구 상부에 부력재를 달고 하부에는 침강재를 달아 입구가 열리도록 하여 그 속으로 고기가 들어가게 하여 잡는 어법입니다. 대형 범장망은 길이 250~300미터, 폭이 75~80미터에 달하며, 그물코 크기가 20밀리미터밖에 되지 않아 치어까지 모조리 포획하여 '싹쓸이 어구'로 불립니다.

불법 어업을 자행하는 중국 어선은 우리 EEZ 외측 가까이서 범장망을 설치히고 외곽으로 빠진 후 단속이 없는 시점을 골라 그물을 걷어 가는 행태를 보이고 있습니다. 여러 척이 선단을 이루어 집단으로 우리 EEZ 내에 깊숙이 들어와 불법조업을 하는 방식에서 단속을 피하기 위해 등장한 수법입니다.

빠른 시간에 그물을 설치하고 EEZ 외곽으로 빠져나간 뒤 단속이 느슨한 틈을 타 걷어 올리는 '치고 빠지기 수법'이기 때문에 단속을 어렵게 하고 있습니다. 설치에서 그물을 걷어 올리기까지 2시간이 채 걸리지 않습니다.

셋째, 서해 5도 NLL 수역에서 남북한 대치 상황을 이용하여 지속적으로 불법조업을 하고 있습니다. 중국 어선들은 북한 측 NLL 수역 선상에서 대기하고 있다가 야간에 우리 측 수역으로 넘어와 조업하다 단속이 시작되면 재빨리 NLL을 넘어 북한 수역으로 넘어가고 있습니다.

9.19 군사합의 효력 정지 이후 NLL 수역에서 북한의 도발 가능성이 한층 높아지면서 해양경찰의 단속은 더욱 제한적으로 이루어지고 있습니다. 해군함정의 호위 속에서 고무보트에 탑승한 소수 해경 단속요원들이 북한 해안포의 위협 속에서 신속하게 단속해야 하기 때문에 실효성 있는 단속이 어려운 실정입니다.

한 가지 다행스러운 것은 단속 과정에서 갖은 흉기를 동원해 폭력으로 저항하던 행태가 많이 줄어들었다는 것입니다. 지난 20여 년 동안 단속 과정에서 중국 선원의 폭력적 저항으로 두 명의 해경이 순직한 것을 비롯해 100여 명이 부상을 입었습니다.

해경의 단속 전술 개선, 장비 보강, 총기 사용요건 완화, 처벌 강화 등으로 중국 선원의 폭력적 저항 의지를 약화시킨 것이 주요 요인입니다.

해경은 한층 더 교묘해지는 중국 어선의 불법조업에 맞서 위성영상 분석, 드론, 무인헬기 등 정보통신기술을 이용하여 단속하고 있습니다. 인공위성을 이용한 해양정보체계MDA가 구축되면 불법 중국 어선의 감시와 단속이 훨씬 더 정교해질 수 있습니다.

이러한 가운데 중국 어선들의 조업행태도 더욱 지능화되고 새로운 수법이 등장하고 있습니다. 배 양 측면에 창살이나 철망을 설치하여 단속 해경 요원의 어선 접근을 막는 것은 어찌 보면 고전적인 수법입니다. 최근에는 조타실에 이중 철문을 달아 나포하려는 해경 대원의 조타실 진입을 어렵게 하거나 어창 크기를 신고 없이 확장하거나 내부에 은밀한 어창을 별도로 설치하여 어획량을 은폐하고 있습니다.

주선이 우리 수역에 어구를 설치한 다음 이탈하면 주선에 딸린 고속보트가 어획물을 회수하는 신종 수법이 등장했습니다. 고속보트는 밀입국에 주로 사용되었는데 고속보트를 이용한 불법조업은 처음이었습니다. 고속보트는 일반 보트와 외형이 유사해 식별이나 추적이 어려운 점을 노린 것입니다.

더욱 지능화하고 기상천외한 수법이 등장하는 불법조업에 맞서 수산안보 차원에서 강력히 단속하고 대응해 나가야 합니다. 정치·외교적 고려로 문제를 의도적으로 회피하거나 간과해서는 안 됩니다. 우리의 주권과 수산안보를 지키는 일이기 때문입니다.

대륙붕 공동개발협정

수년 전 〈7광구〉라는 영화가 인기를 끈 적이 있습니다. 7광구의 석유시추선에서 벌어지는 심해 괴생물체와 대원들 간 사투를 다룬 영화입니다. 배경이 된 7광구는 한·일 양국이 대륙붕을 공동으로 탐사하고 개발하기로 한 곳입니다.

양국은 1974년 '남부 대륙붕 공동개발협정'을 체결하여 1978년부터 50년 시한으로 제7광구 해역을 공동개발하기로 했습니다. 한·일 관계가 좋지 않았던 70년대에 공동개발이라는 역사적 합의가 이루어졌습니다.

시발점은 1968년 유엔 산하 극동경제위원회ECAFE의 후원으로 진행된 서해와 동중국해 해저 지질조사 결과보고서였습니다. 보고서는 "황해와 동중국해에는 페르시아만에 필적하는 해저유전이 존재한다"라는 결론을 내렸습니다.

이에 자극받은 한국, 일본, 중국과 대만은 자국 해저 광구를 경쟁적으로 선포하였습니다. 그리고 외국 석유회사와 조광권 계약을 맺고 해저유전 개발을 경쟁적으로 추진하였습니다.

산유국의 꿈을 갈망하던 우리나라도 서둘러 7개의 해저 광구를 선포했습니다. 석유 부존 가능성이 높은 해역을 중심으로 각국이 해저 광구를 선포하다 보니 서해와 동중국해에서 17개의 광구 중 13개가 중첩되었습니다. 특히 우리나라의 제7광구는 일본의 3광구, 대만의 4광구와 중첩되었습니다. 각국이 조광권 계약을 맺고 시추를 서두르는 상황이 되자 외교적 갈등이 고조되었습니다.

우리 정부는 1969년 국제사법재판소ICJ가 '북해 대륙붕 사건'에서 대륙붕이 '육지 영토의 자연 연장'이라고 판결한 것에 힘입어 제주도와 일본 규슈 지역 사이에 제7광구를 설정했습니다. 일본은 제7광구가 자국의 대륙붕과 중첩되므로 중간선 방식의 경계 획정을 제안했습니다.

이러한 상황에서 대만도 제7광구 수역에 대한 대륙붕 권리를 주장했습니다. 한국, 일본, 대만은 공동개발을 추진했지만, 중국의 항의에 부담을 느낀 대만이 공동개발 계획에서 탈퇴했습니다. 그리고 해양분쟁에 휩쓸리는 것을 우려한 미국 조광권자들이 철수하면서 한·일 공동개발이 추진되었습니다.

이 무렵 세계 경제를 강타한 오일 쇼크의 영향으로 양국은 공동개발을 서두르게 되었습니다. 1974년 어렵사리 공동개발협정에 서명했지만, 일본의 비준이 문제였습니다. 일본은 사회당, 공산당 등 야당의 반대와 여당인 자민당 내 좌파 의원들의 반대로 비준 절차가 진행되지 못했습니다. 주된 이유는 한국에 너무 많은 양보를 했다는 것이었습니다. 이로 인해 4년간 협정이 발효되지 못하고, 공동개발은 좌초될 위기였습니다.

공동개발구역과 대륙붕 한계

우리 정부는 단독 개발도 불사하겠다는 의지를 내보이고, 일본 정부와 의회를 설득하는 양면 전략을 구사하며 일본의 비준을 촉구했습니다. 기술과 재원이 부족한 한국은 미국 석유자본에 의존할 수밖에 없는 상황이었고, 중국과 해양분쟁을 우려하는 미국의 반대를 무릅쓰고 단독 개발에 나설 수도 없는 입장이었습니다.

이러한 과정을 거쳐 일본 정부가 비준하게 되면서 50년 시한으로 1978년 6월 22일 발효되었습니다.

공동개발구역 탐사

한·일 양국은 먼저 중첩 수역에서 공동으로 개발할 '공동개발구역Joint Development Zone, JDZ'을 설정한 다음 이를 9개의 소구Subzone로 나누었습니다. 공동개발은 소구에서 각국이 조광권 계약을 체결하고, 조광권자는 상호 운영계약을 맺고 개발 방식, 이익 분배 등을 결정하는 방식이었습니다. 그리고 공동개발에 관한 양국 협의기관으로 '한·일공동위원회'가 설치되었습니다.

협정에 따라 1차 탐사 1978~1987에서 7개의 시추공을 굴착했습니다. 기대와 달리 약간의 가스가 발견되었으나 경제성이 없는 것이었습니다. 이후 2차 탐사 1991~1993 때는 굴착 없이 공동연구만 하고 양국은 조광권을 반납하였습니다.

그러나 2000년 중국이 2소구와 4소구에서 불과 860미터 떨어진 핑허, 롱진 유전에서 가스를 발견하면서 교착상태였던 탐사 상황은 달라졌습니다. 2001년 양국 산업장관 회담에서 공동탐사 양해각서를 체결하고 3차원 지질조사를 실시했습니다. 그러나 일부 석유 부존 가능성을 확인했지만 기대에 못 미치는 것이었습니다. 결국 일본 측은 낮은 채산성을 이유로 일방적으로 탐사 활동을 중단했습니다.

2004~2006년 사이 양국은 다시 한번 이전의 조사 결과를 바탕으로 공동조사에 착수했습니다. 한국 측은 제주도 남부 중간수역 해저에 석유 부존 가능성을 긍정적으로 평가한 반면, 일본 측은 부정적인 평가를 내렸습니다.

이후 우리 정부는 2009년과 2020년 각각 조광권자를 새롭게 지정하여 일본 정부에 통보했습니다. 그리고 고도화된 탐사기술로 석유나 가스 부존 가능성이 높은 2소구와 4소구에 대한 재탐사를 제안했습니다.

그러나 우리 정부의 제안에 대해 일본 정부는 조광권자를 지정하지 않고 있습니다. 사실상 거부 의사입니다. 공동개발 의무에 따라 일방적으로 개발을 할 수 없기 때문에 JDZ에서의 자원개발 탐사나 개발은 더 이상 이루어지지 못하고 있습니다. 이런 가운데 협정 종료 시한이 바로 코앞으로 다가온 것입니다.

유의미한 석유나 가스가 발견되지 않았지만, JDZ는 분쟁 수역을 평화적으로 관리하는 기제로서 큰 역할을 해왔다는 점에서 자원개발과 다른 차원에서 의미를 부여할 수 있습니다.

공동개발협정의 운명

대륙붕 공동개발협정의 운명은 한·일 관계뿐만 아니라 한·중·일, 나아가 동아시아 국제관계에 심대한 영향을 미칠 수 있는 외교 사안입니다. 이 협정의 지위 변경은 한·중·일 대륙붕 중첩 해역에서 경계 획정, 해양자원 개발, 해양 안보, 센카쿠 영유권 분쟁과 관련되는 문제입니다. 이는 곧 동아시아 국제관계를 흔들 수 있는 중대한 변수가 될 수가 있다는 의미입니다.

협정 만료 3년 전에 일방이 상대국에 서면으로 종료 의사를 통보할 수 있고, 협정 시한이 완료된 이후에는 언제든지 종료 의사를 통보할 수 있습니다. 어느 쪽도 종료 의사를 표명하지 않으면 효력은 계속 지속됩니다. 2025년이나 2028년 이후 일본이 일방적으로 협정 종료를 통보하는 경우 JDZ는 한·중·일의 대륙붕 관할권 주장이 중첩되는 분쟁 수역으로 남게 됩니다.

일본 측은 협정 만료 3년 전인 25년 6월에 우리 측에 협정 종료 의사를 통보하지 않았습니다. 그렇다고 일본이 협정 지속 의사를 밝힌 것도 아닙니다. 앞으로 28년 6월까지 언제든 협정 종료 의사를 통보할 수 있기 때문에 일본 측의 움직임을 지켜볼 수밖에 없습니다.

협정이 종료되고 분쟁 수역으로 남는 해역의 대륙붕 경계 획정과 관련해서 국제법에 따른 절차나 국제재판을 통해 분쟁을 해결하는 것을 생각해 볼 수 있습니다.

첫째, 협정이 종료되고 한·일 양국이 합의하여 국제사법재판소ICJ나 국제해양법재판소ITLOS에 제소하여 해결하려는 경우입니다. 오늘날 대세인 중간선 원칙과 200해리까지 대륙붕을 인정해 주는 유엔해양법협약을 고려하면 일본 측에 유리한 방법입니다. 중간선 원칙을 적용하면 현재 JDZ의 3분의 2가 일본의 대륙붕 관할권에 속하게 됩니다.

둘째, 양국이 특별협정을 맺고 양측이 동의하는 재판관을 선임하여 중재재판을 하는 경우입니다. 이 경우에도 중간선 원칙을 우선 적용하여 중재 판결을 할 가능성이 높습니다.

셋째, 유엔 산하 대륙붕한계위원회CLCS의 권고안대로 대륙붕 경계 획정을 하는 것입니다. 현재 CLCS에는 한·중·일 3국 모두 JDZ 수역을 자국의 대륙붕이라고 주장하는 안을 제출해 놓고 있는 상태입니다. 분쟁이 있는 대륙붕 관할권 주장안은 분쟁 당사국 합의 시까지 심의하지 않는다는 규정에 따라 심의가 보류되어 있는 상태입니다. 대륙붕 경계 획정 원칙에서 3국이 이견을 보이고 있기 때문에 이 방법을 통한 해결 가능성도 낮아 보입니다.

국제재판에 의한 해결은 절차도 복잡하고 판결까지 시간도 오래 걸릴 뿐 아니라 결과에 따라 승자와 패자로 나뉘게 됩니다. 주권 문제에서 자국에게 불리한 판결이 나왔을 때 부담해야 할 정치적 부담이 너무 크기 때문에 한·일 양국 모두 섣부리 선택하기 어렵습니다.

이 문제는 결국 한·일 양국이 고도의 정치·외교적 협의를 통해 풀어야 될 사안입니다. 그 대안으로서 정치·외교적 합의를 통해 공동개발협정을 명시적으로 연장하거나 종료 의사를 표명하지 않음으로써 협정을 지속시키는 방법이 있습니다.

다른 하나는 한국이 요구하는 재탐사를 일본이 받아들여 공동 수행하고, 그 결과에 따라 협정 종료 여부를 결정하는 것입니다. 재탐사에 소극적인 일본을 설득하여 첨단 탐사기술로 일정 기간 우리 측이 주장하는 자원부존 유력 해역 2, 4 소구을 집중적으로 탐사하여 그 결과에 따라 협정 종료 여부를 결정하는 것입니다. 탐사에는 상당한 시간이 소요되는 만큼 현행 협정을 탐사 결과가 나올 때까지 연장하는 것입니다.

마지막으로, 협정 종료가 불가피하다면 중국을 포함한 3국 공동개발협정을 새롭게 추진하는 것입니다. 중국은 JDZ 인근에서 석유와 가스를 생산하고 있고, 이 해역에 대한 권원을 주장하고 있기 때문에 협정이 종료되면 개발을 위한 행동을 할 가능성이 높습니다. 이로 인한 외교적, 군사적 마찰과 갈등을 막고 효과적 자원개발을 위해서는 3국 공동개발협정을 맺어 추진하는 것이 하나의 방안이 될 수 있습니다.

발견된 자원이 없다고 JDZ를 분쟁 수역으로 남겨둘 문제가 아닙니다. 이 해역에 대한 관할권 분쟁은 한·일 양국뿐만 아니라 동아시아 국제관계에 심대한 갈등 요인으로 작용할 사안이기 때문입니다.

10.

격랑의 동아시아 바다

・・・
격랑의 바다

동아시아 바다에서 격랑이 심하게 요동치고 있습니다. 해양 세력과 대륙 세력의 접점인 동북아 바다에 짙은 먹구름과 함께 분쟁의 큰 너울이 일렁거리고 있습니다.

이데올로기 대립이 사라진 오늘날 지구촌 곳곳에서는 민족·종교·지역 분쟁 등 이른바 '문명의 충돌'이 그 자리를 대신하고 있습니다. 경쟁적 해양 분할 시대에 들어선 바다에서도 전략적 해양 이익을 둘러싼 분쟁이 급증하고 있습니다.

해양 분쟁을 연구하고 있는 필자는 동아시아 해양을 '해양 분쟁의 교과서'와 같은 사례라고 표현합니다. 독도·센카쿠 등 해양영유권 분쟁, 대만해협·남중국해 문제, 배타적 경제수역·대륙붕 등 해양관할권, 불법조업, 석유·가스 등 해저자원 개발, 해양 환경 문제,

해상교통로 안전 및 해양 안보를 둘러싼 온갖 종류의 해양 분쟁이 일어나고 있기 때문입니다.

제국주의 시대 유산과 상처가 계속되는 동아시아에서 한반도 수역, 남중국해, 동중국해의 '좁은 반폐쇄해'에서 각국의 해양 이익이 첨예하게 충돌하고 있습니다.

한·중·일 동북아 3국은 오랜 옛날부터 어자원을 두고 갈등이 있어 왔지만 오늘날 해양관할권을 두고 날카롭게 대립하고 있습니다. 400해리 미만의 좁은 동북아 바다에서 각국이 200해리 EEZ를 선포하면서 해양관할권이 중첩되고 있습니다. 경계획정 대상이 되는 9개의 해양경계 중 1986년 획정된 러시아와 북한의 해양경계를 제외하고 나머지는 모두 미획정 상태로 남아 있습니다.

최근 새로운 국면을 맞고 있는 센카쿠제도 댜오위다오를 둘러싼 중·일 간의 첨예한 대립에서 볼 수 있듯이 해양영유권 문제는 분쟁의 핵심 요인입니다. 중국은 일본의 통제하에 있는 센카쿠가 자국의 고유한 영토이기 때문에 주변 해역에서 중국 국내법을 집행하겠다는 입장입니다. 중국 해경선이 센카쿠의 영해를 침해하는 일은 다반사이고, 양국 해경선이 대치하고 있는 일이 일상적으로 일어나고 있습니다.

중국이 '하나의 중국 一個中國' 원칙하에 대만은 반드시 회복되어야 할 자국 영토라는 입장을 더욱 명확히 하면서 대만해협 양안에서 불안한 기운이 고조되고 있습니다.

남중국해에서는 남해구단선, 서사·남사군도 인공섬 건설 및 군사기지 건설 등 중국의 공세적 해양 팽창에 맞서 연안국을 비롯해

'아시아 회귀Pivot to Asia' 및 인도·태평양전략을 앞세운 미국과의 군사적 갈등이 고조되고 있습니다.

이러한 상황에서 동아시아 국가들은 경쟁적으로 해군력을 강화시키고 있습니다. 19세기 말 유럽 제국주의 세력으로부터 굴욕의 역사를 경험한 중국은 해군력 강화에 박차를 가하고 있습니다. 지난 20년 매년 두 자리 국방예산 증가율을 기록하고 있는 중국은 항공모함 도입에 이어 자체 건조에 성공했고 스텔스기와 핵잠수함도 늘리고 있습니다.

일본도 집단적 자위권 추구와 군사 대국화의 길을 걷고 있다는 보도가 이어지고 있습니다. 사실상 항공모함이라 할 수 있는 호위함을 진수했고 국방비를 증액하여 잠수함 숫자를 늘리고 해병대 창설을 추진하고 있다는 보도도 있습니다.

동아시아 바다에서 분쟁의 격랑이 크게 일고 있습니다. 격랑이 가라앉고 평온한 바다가 되기를 바라지만, 분쟁 당사자 간 핵심적 국익이 얽혀 있어 결코 쉽지 않은 문제입니다. 다만 격랑이 더 거세져 쓰나미가 되지 않기를 바랄 뿐입니다.

미·일 안보조약 제5조

오바마 대통령 시절 당시 일본 아베 신조 수상이 미국을 국빈 방문했습니다. 정상회담을 마치고 양국 정상은 기자회견을 열어 논의된 결과를 설명했습니다. 볼티모어 폭동이 있었던 때라 외교 문제는 미국 언론의 별다른 주목을 받지 못했지만, 센카쿠제도와 관련된 중요한 발언이 있었습니다.

오바마 대통령은 기자의 질문에 "미·일 안보조약에 대한 미국의 입장은 확고하다. 센카쿠제도를 포함한 일본의 관할권하에 있는 모든 영토는 (미·일 안보조약) 제5조의 적용 대상이다"라고 명확히 했습니다.

그전 일본을 방문하였을 때 밝힌 미국의 입장을 재확인한 것입니다. 센카쿠제도에 대한 미국의 입장 재확인은 양국 정부가 바뀔 때마다 볼 수 있는 외교적 행사가 되고 있습니다. 2025년 1월 이시바 총리와 트럼프 대통령과의 회담에서도 마찬가지였습니다.

1960년 체결된 '미·일 안보조약' 제5조는 "미·일 양국은 일본 관할하의 영토에서 '어느 한쪽에 대한 무력 공격'이 있는 경우 자국 헌법상의 규정 및 절차에 따라 공통의 위험에 대처하도록 행동할 것을 선언한다"라고 규정하고 있습니다. 센카쿠제도는 '미·일 안보조약'의 적용 대상이며, '공격을 받으면 미국의 군사행동' 방침을 규정한 것입니다.

첨예한 센카쿠제도 영유권 분쟁을 겪고 있는 일본으로서는 더할 나위 없이 반가운 일이겠지만, 중국으로서는 받아들이기 어려운 일입니다. 중국 정부는 즉각 "댜오위다오는 중국 고유 영토이며 미국이 영토 문제에서 어느 한쪽 편을 들지 않겠다는 약속을 준수하라"라는 성명을 발표했습니다.

동북아의 여러 가지 해양 문제 가운데 가장 지난하고 다른 해양 문제의 근원이 되는 것이 영유권 분쟁입니다. 센카쿠제도 분쟁은 중·일 간 가장 큰 정치·외교적 현안이면서 동북아의 평화를 위협할 수 있는 폭발성이 강한 갈등 요소입니다.

센카쿠 영유권 분쟁

일본은 센카쿠尖角, 중국은 댜오위다오釣魚島라 부릅니다. 센카쿠 제도는 류큐제도와 대만 사이에 있는 다섯 개의 무인도와 세 개의 바위섬으로 이루어져 있습니다.

동북아 영유권 분쟁은 19세기 말에서 20세기 초 혼란스러웠던 동북아 역사와 제2차 세계대전 전후 처리 과정에 그 뿌리를 두고 있습니다. 다른 지역의 도서 영유권 분쟁과 같이 센카쿠제도 문제도 역사적 권원, 국제법 해석과 적용에 대한 논란에 모아집니다.

해양영유권 분쟁이 일어난 센카쿠제도

센카쿠제도 분쟁의 기원은 명·청 시대로 거슬러 올라갑니다. 중국은 댜오위다오가 명·청 시대에 대만의 일부로서 수 세기 동안 통치를 받아 왔고, 중국 어민의 어업기지로 활용되어 왔다고 주장합니다.

일본은 1885년 이후 센카쿠제도 탐사 결과 청조 시대에 센카쿠제도를 통제했다는 증거는 없으며, 이에 따라 1895년 1월 '무주지 선점론'에 따라 합법적으로 영토주권을 획득했다고 주장합니다.

이후 센카쿠제도는 1894년 조선의 동학혁명으로 촉발된 청일전쟁에서 일본이 승리하면서 1895년에 체결된 '시모노세키 조약'에 의해 대만과 함께 일본에 할양되었습니다. 일본이 제2차 세계대전에서 패하고 1951년 '샌프란시스코 평화조약'에 의해 전후 영토문제가 처리되었습니다. 평화조약 제2조에서 일본이 전쟁 전에 할양받은 중국의 모든 영토를 반환하도록 하고, 그 범위에 '포모사_{대만}와 그 부속 도서'를 포함시키고 있습니다.

중국은 이에 따라 센카쿠가 대만의 일부이므로 당연히 반환되어야 한다고 주장합니다. 반면, 일본은 센카쿠는 대만의 일부가 아닌 류큐제도의 부속 도서이므로 일본이 전후에 포기했던 영토에 포함되지 않아 반환할 의무가 없었다는 입장입니다.

평화조약에 의해 센카쿠제도가 난세이 쇼토_{류큐제도}의 일부로서 미국의 관할권하에 놓이면서 문제가 더욱 복잡해졌습니다. 중국은 카이로 선언과 포츠담 회담 등에서 전후 중국에 반환하기로 되어 있었으나, 1951년 미국 주도의 평화조약에 의해 일방적으로 미국의 신탁통치에 놓이게 되었다고 주장합니다.

1971년 미·일의 '오키나와 반환 협정'에 의해 센카쿠를 포함한 류큐제도의 행정권이 일본에 반환됨으로써 센카쿠제도는 일본의 실효적 지배에 놓이게 되었습니다. 당시 중국은 강력히 항의하였습니다. 미국은 일본에 양도한 것은 주권영유권이 아닌 행정권통치권이라고 하며 '도서 영유권 문제는 당사국 간 평화적인 협상을 통해 해결해야 한다'는 입장을 밝혔습니다.

오늘날 센카쿠제도 문제는 중국이 글로벌 파워로 부상하고 지역 패권 국가로 자리 잡으면서 새롭게 정립되는 동아시아 질서의 한가운데 있는 문제입니다. 미국은 중국을 견제하기 위해 일본과 안보 동맹을 강화하고 있습니다. 중국은 해양에서 '핵심 이익'을 중시하면서 공세적인 해양 정책을 펼치고 있습니다.

국제법적으로 영토 문제는 누가 실효적으로 지배하느냐가 가장 중요한 사항입니다. 독도가 우리의 고유 영토인 것처럼 말입니다. 영유권 분쟁은 주권 문제입니다. 일방이 양보하는 것은 지극히 어려운 문제입니다.

현재 센카쿠를 둘러싸고 두 나라가 벌이고 있는 분쟁은 마주 보며 달려오는 기차처럼 위태로워 보입니다. 센카쿠 분쟁은 발화되면 동아시아의 안정을 일거에 깨트릴 수 있는 화약고입니다.

"이어도 하라"

"긴긴 세월 동안 섬은 늘 거기 있어 왔다. 그러나 섬을 본 사람은 아무도 없었다. 섬을 본 사람은 모두가 그 섬으로 가버렸기 때문이다. 아무도 다시 섬을 떠나 돌아온 사람은 없기 때문이다."

이청준의 중편 소설 〈이어도〉에 나오는 첫 구절입니다. 이어도는 제주 뱃사람들에게 오랫동안 전설로 전해져 오던 '피안의 섬'이자 '환상의 섬'이었습니다. 뱃사람들이 바다로 나갔다 돌아올 수 없게 되면 '이어도로 갔다'고 믿었습니다.

오랫동안 '이어도'는 제주 뱃사람들에게 죽어서 가게 되는 피안의 세계였습니다. 이어도는 기나긴 세월 동안 섬사람의 숙명을 안고 살아가는 제주 사람들에게 위험하고 고된 뱃일과 삶의 고통을 잊게 해주는 안식처이자 이상향이었습니다.

이어도가 전설 속의 섬이라면 '파랑도波浪島'는 이어도의 실재하는 섬으로 뱃사람들 사이에 전해졌습니다. 하늘이 뒤집어져 노랗게 보이고 미친 듯이 날뛰는 거센 파도가 바다를 덮칠 때 보인다는 섬입니다.

거대한 잿빛 풍랑 속에서 파랑도를 보았다는 뱃사람들의 이야기가 전해져 왔습니다. 옛날부터 바다 어딘가에 '이어도'라는 섬이 숨어있다는 구전은 이러한 소문이 헛된 것이 아닐 것이라는 믿음을 더해주었습니다.

꿈에서나 환각 속에서 이어도를 본 사람은 얼마 지나지 않아 불귀의 객이 된다는 구전이 내려왔습니다. 물속 4.6미터에 있는 이어도는 파도가 10미터 이상 칠 때 모습을 드러냅니다. 이어도를 보게 되는 때에는 뱃사람들은 결코 살아서 돌아올 수 없었습니다.

이청준의 소설 속에서 제주 사람 천남석 기자는 이어도라는 허구가 사람들이 바다를 두려워할 줄 모르게 하였고, 폭풍을 만나도 이어도만 찾다가 물귀신이 되어갔다며 이어도의 존재를 부정하며 적대적인 회의감을 가지고 있었습니다.

천남석은 이어도의 실재를 확인하러 탐사에 나선 해군함정을 취재하러 갔다가 귀항하는 배에서 실종됩니다. 배를 집어삼킬 듯이 거센 풍랑이 이는 밤바다에서 천남석은 이어도를 본 것입니다. 그는 절망한 채 바다에 몸을 던져 자살하고 맙니다.

천남석의 여자였던 술집 '이어도'의 여자가 부르는 이어도 노랫가락입니다. 여자의 어린 시절 아버지는 수평선 너머 배를 타고 나가 돌아오지 않았고, 어머니는 이어도 노랫가락을 읊조리다 죽었습니다.

이어도 하라 이어도 하라
이어 이어 이어도 하라
이어 하멘 눈물 난다
이어 말은 말낭근 가라

이어도 해양분쟁

제주 사람들의 삶과 영혼 속에 살아있는 섬 이어도의 실재는 마라도 남서쪽에 있는 물밑 4.6미터에 있는 수중 암초입니다. 수중

40미터 지점을 기준으로 남북으로 약 600미터, 동서로 약 750미터에 달하는 수중 섬입니다.

이어도가 처음 발견된 것은 1900년 영국 상선 '소코트라Socotra'에 의해서였습니다. 이어도는 그 상선의 이름을 따서 '소코트라락Socotra Rock'으로 불립니다.

동중국해에 있는 이어도는 우리나라와 중국의 해양경계 획정에서 아주 중요한 위치를 차지하고 있습니다. 1996년 한국과 중국이 배타적 경제수역EEZ을 선포한 이래 이어도는 양국 EEZ가 중첩되는 곳입니다. 양국은 이어도는 수중 암초로서 도서 영유권 분쟁의 대상이 아니라 관할권 문제라는 점은 의견을 같이하고 있습니다.

이어도는 국제법상 섬이 아닌 수중 암초입니다. 유엔해양법협약은 '섬은 자연적으로 형성되고 만조 시에 수면 위로 나와야 하며 경제활동이 지속 가능한 곳'제121조으로 규정하고 있습니다.

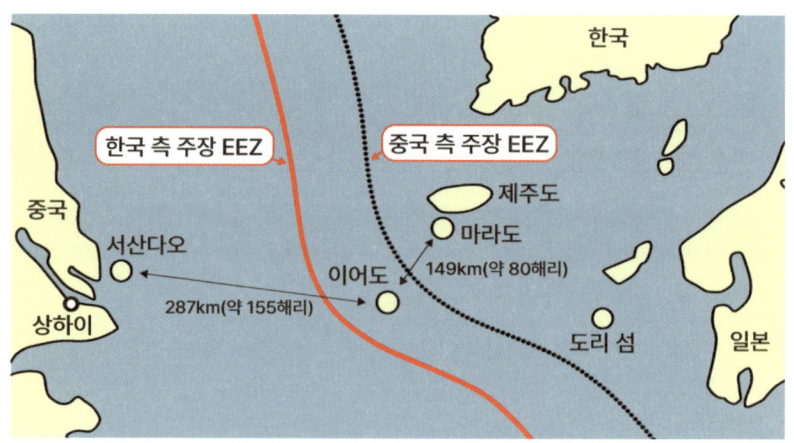

이어도 인근 바다의 배타적 경제수역(EEZ)

이어도 해양과학기지 (사진:Wikimedia Commons)

중국은 이어도를 '쑤엔자오蘇巖焦'라 부릅니다. 서산다오余山島를 기점으로 155해리287킬로미터 떨어져 있는 이어도를 자국의 EEZ에 포함시키고 있습니다. 중국은 해저지형은 육지 영토가 연장된 결과라는 '육지 영토의 자연연장론'에 의하여 이어도 해역은 중국대륙의 대륙붕이 연장된 곳이라 주장하고 있습니다. 황하, 양자강으로부터 흘러내린 토사Silt로 형성된 중국의 대륙붕이 오키나와 해구까지 이어져 있다는 것입니다.

다른 한편 중국은 군사적 측면에서 이어도를 중시하고 있습니다. 이어도의 전략적 위치 때문입니다. 중국의 북해·동해·남해 3개의 함대 중 북해 사령부는 칭다오, 동해 사령부는 상하이 인근 닝보에 있습니다. 이들 함대의 전함이 태평양이나 원해로 나가기 위해서는 이어도 수역을 지나가야 하기 때문에 자국 군함의 움직임이 노출될 수 있다고 보고 있습니다. '이어도 해양과학기지'가 중국 해군기지 코앞에 있다는 것을 한국이 미국의 우방국이라는 사실과 연관 지어 바라보는 시각도 있습니다.

한국은 지난 수십 년 동안 이어도 관할권을 확고히 하는 여러 조치를 해왔습니다. 해양경계 획정의 일반적인 국제원칙인 '중간선 기준'에 의할 때 마라도에서 80해리 149킬로미터 거리에 있는 이어도는 한국의 EEZ라고 주장하고 있으며, 2003년 '이어도 해양과학기지'를 설립했습니다.

유엔해양법협약 제60조은 연안국에게 배타적 경제수역에서 인공구조물을 설치할 수 있는 권리를 부여하고 있습니다. 이어도 해양과학기지는 해양 관측·예보, 해양 조사, 측량 등의 업무를 수행하고 있습니다.

우리 정부는 1951년 수중탐사 작업으로 이어도의 존재를 확인하고 '대한민국 영토 이어도'라는 동판을 가라앉혔습니다. 1952년 '인접해양의 주권선언'에서 이어도 해역을 한국 수역으로 공표했고, 1987년에는 이어도의 위치를 확인할 수 있도록 대형 부표를 설치했습니다. 선박들이 수중 암초를 피해 안전하게 항해할 수 있도록 하기 위해서입니다.

독도 아리랑

저 멀리 동해 바다 외로운 섬
오늘도 거센 바람 불어오겠지
조그만 얼굴로 바람맞으니
독도야 간밤에 잘 잤느냐
아리랑 아리랑 홀로 아리랑
아리랑 고개를 넘어 가보자
가다가 힘들면 쉬어 가더라도
손잡고 가보자 같이 가보자

이 노래는 1989년 가수 서유석이 불러 크게 히트한 '홀로 아리랑' 가사 중 일부입니다. 독도는 우리에게 동해 바다의 작은 섬 이상의 의미라는 것은 대한민국 국민이라면 누구나 공감하는 바일 것입니다.

파도가 잔잔한 날을 만나기 쉽지 않은 동해 바다를 달려 독도에 올라본 사람이면 솟아오르는 벅찬 감정과 애국심을 느꼈을 것입니다. 독도는 우리에게 영토주권의 상징이자 국민적 자존심으로 자리 잡고 있습니다.

그러나 일본이 '다케시마竹島'라 부르는 독도는 일본과 영유권 분쟁을 겪고 있는 '분쟁 도서'라는 것이 엄연한 국제적 현실입니다. 정작 우리는 국민적 공분을 앞세우면서 독도 영유권 분쟁의 내용이 무엇이고 고유 영토라는 우리 주장의 논리는 무엇인지 모르는 경우가 많습니다.

우리의 영유권을 강화하기 위해서는 일본의 주장을 정확히 인식하고 이에 맞는 논리적 대응이 중요합니다. 독도 영유권 분쟁에 대한 우리 정부의 기본 입장은 "독도는 역사적, 지리적, 국제법적으로 우리의 고유한 영토이고, 독도에 대한 분쟁은 존재하지 않는다"는 것입니다. 일본도 같은 입장으로서 한국이 불법적으로 독도를 점유하고 있다고 주장합니다.

독도는 우리에게 영토주권의 상징이자 국민적 자존심으로 자리 잡고 있다. (사진:해양경찰청)

마누라론

　지금은 돌아가셨지만 국제해양법재판소 재판관을 지내고, 우리나라 해양법의 태두라 평가받는 저명한 해양법 학자는 독도 영유권 분쟁과 관련하여 일명 '마누라론'을 주창했습니다.

　길을 가면서 같이 걸어가는 부인을 "내 마누라요"라고 외치지 않아도 자신의 부인이라는 사실은 변함이 없다는 것입니다. 그분의 취지는 독도를 우리가 실효적으로 지배하고 있고, 우리의 영토이므로 우리가 나서서 문제를 부각시킬 필요가 없다는 것이었습니다. 영유권 분쟁에 조용한 대응을 주장한 것입니다.

　그러나 일본의 독도 영유권 주장이 강해지면서 우리 정부의 대응 기조도 조용한 대응에서 적극적으로 변했습니다. 조용한 대응 기조 속에서 우리 정부는 일본과 EEZ 경계선을 울릉도와 일본 오키섬 사이의 중간으로 주장했습니다. 독도는 EEZ를 가질 수 없는 암석Rock이므로 EEZ 기점을 울릉도로 하더라도 독도가 우리 쪽 EEZ에 들어간다는 논리였습니다.

　독도 영유권에 대한 적극적 대응으로 기조가 변하면서 우리 정부는 일본과 EEZ 경계선을 독도와 오키섬 중간선으로 주장하고 있습니다. 이에 반해 일본은 독도가 자국 영토라는 전제하에 한국과 EEZ 경계선을 울릉도와 독도의 중간선으로 주장하고 있습니다.

독도는 우리의 고유 영토

우리 정부의 기본 입장은 독도에 대한 영유권 분쟁이 존재하지 않는다는 것입니다. 이런 원칙 위에서 역사적 권원, 영토 취득, 제2차 세계대전 후의 영토 처리를 위한 조약의 해석, 실효적 지배, 지리적 인접성 등에서 일본의 주장을 반박하고 있습니다.

첫째, 역사적 권원에 대한 주장입니다. 문헌상의 기록을 바탕으로 역사적으로 독도가 누구의 영토였는지 실증하는 문제입니다. 한국은 《삼국사기》의 기록을 토대로 522년 신라가 울릉도와 독도를 통치하고 있던 우산국을 복속시킨 이래 독도는 우리 역사와 함께하고 있다고 주장합니다.

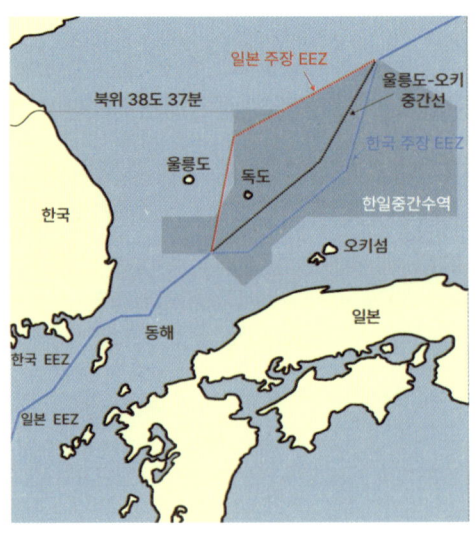

독도 인근 해양 경계선

이후 많은 문헌에서 독도가 한국의 영토였다는 것을 알려주는 기록들이 있습니다. 특히 《세종실록지리지》1454년는 "우산독도과 무릉울릉 두 섬이 멀리 떨어져 있지 않아 날씨가 맑으면 바라볼 수 있다"라고 하여 두 섬의 위치를 명확히 하고 있습니다.

1900년 대한제국은 칙령 제41호로 독도가 대한제국의 영토임을 명확히 하였습니다. 칙령은 "울릉도를 울도로 개칭하고 관할구역은 울릉 전도와 죽도·석도독도로 한다"라고 하였습니다.

일본은 오랜 옛날부터 독도의 존재를 알고 있었다고 주장하지만 17세기 이전까지 독도에 대한 기록이 있는 실증적 자료를 제시하지 못하고 있습니다. 1618년 막부가 두 명의 상인에게 울릉도에 대한 통행 허가를 내주었다는 것을 최초의 기록으로 내세웁니다.

1821년 일본 정부가 펴낸 '일본 연안지역 지도'에는 독도가 빠져 있습니다. 1877년 일본 내무성이 지적 편찬을 위해 일본 최고의 행정기관인 태정관太政官에 독도가 일본의 영토인지를 확인하는 질의서를 보냈을 때 태정관은 "동해 내 다케시마울릉도와 一島독도의 건에 대하여 우리와 관계없다는 것을 명심할 것"이라는 태정관 지령을 내려보냈습니다.

두 번째 쟁점은 일본의 '무주지Terra Nullius 취득' 주장입니다. 일본은 1905년 시마네현 고시로 독도를 시마네현 관할로 편입시킨 것은 어느 국가에도 속하지 않는 땅을 '발견'한 국가에게 영토 취득을 인정하는 '무주지 점유'였다고 주장하고 있습니다.

일본은 조선 국초부터 시행했던 섬을 비우고 사람이 살지 않게 한 '공도정책空島政策'과 울릉도 주민들을 본토로 데려와 살도록 한

'쇄환정책刷還政策'에 따라 무주지였다고 주장합니다. 그러나 이것은 왜구의 잦은 침입과 약탈에 따라 섬 주민을 보호하기 위한 정책이었지, 결코 주권을 포기한 것이 아니었다는 것이 우리의 주장입니다.

일본은 1904년 2월 '한·일 의정서'에 의해 러일전쟁 기간 중 자국이 필요로 하는 조선의 영토를 자유롭게 사용할 수 있게 되었고, 1905년 11월 을사늑약을 체결하여 조선을 보호국으로 만들었습니다. 독도는 일본 제국주의의 한반도 침탈 과정에서 희생물이 된 첫 번째 영토였습니다. 다른 한편 일본의 무주지 주장은 1905년 이전까지 일본이 행사했다는 독도에 대한 영유권 주장과 앞뒤가 맞지 않는 자가당착입니다.

셋째, 1951년 '샌프란시스코 평화조약'의 해석에 관한 논란입니다. 연합국과 일본은 제2차 세계대전을 공식적으로 종결하기 위해 1951년 샌프란시스코에서 평화조약을 체결했습니다. 조약에는 일본이 전쟁 전 강압적으로 취득한 영토에 대한 반환이 규정되어 있습니다. 문제가 되는 것은 '제2조제a항'입니다. "일본은 한국의 독립을 인정하고 한국과 제주도, 거문도, 울릉도에 대한 모든 권리와 주권을 포기한다"라고 규정하고 있습니다.

일본은 이 조항을 근거로 반환되는 영토의 범위에 독도는 제외되어 있다고 주장합니다. 한국은 반환되는 수천 개의 섬 중에서 예시적으로 명시한 것이라는 입장입니다.

넷째, 실효적 지배 Effective Occupation 입니다. 한국은 1948년부터 80여 년간 독도를 실효적으로 지배하고 있습니다. 1954년부터 경찰부대가 주둔하고 있습니다. 이후 등대, 선착장 건설 등 우리 국토에 대한 주권을 행사하는 조치를 실행해 오고 있습니다. 영유권 분쟁에 대한 국제사법재판소 판례를 분석해 보면 가장 중요한 판단 요인은 분쟁국 중 누가 실효적으로 분쟁 도서에 대한 주권을 행사했나 하는 것입니다.

다섯째, 지리적 인접성입니다. 독도는 울릉도의 부속 도서입니다. 맑은 날 육안으로 독도를 볼 수 있을 정도로 가깝게 위치해 있습니다. 이에 비해 오키섬에서는 158킬로미터 떨어져 있어 육안으로 볼 수가 없습니다.

일본은 독도에 대한 영유권 주장을 계속하고 있습니다. 독도 문제의 본질은 역사적으로 한국의 고유 영토인 독도가 일본 제국주의의 한반도 침탈 과정에서 강제적으로 일본 영토로 편입되었다는 것입니다.

일본은 패망한 후 한국의 독립과 함께 강압적으로 점유했던 한국의 영토를 반환하였고 독도도 그 일부였습니다. 이러한 사실을 부인하면 손바닥으로 하늘을 가리는 것과 다를 바 없습니다.

남해구단선

남중국해 분쟁은 오늘날 전 세계 바다에서 일어나고 있는 해양 분쟁 중에서 가장 폭발성이 크고 복잡한 양상으로 전개되고 있습니다. 남중국해는 중국, 베트남, 필리핀, 브루나이, 말레이시아, 인도네시아 등 6개국에 둘러싸인 반폐쇄해로서 우리나라 동해의 두 배 가까이 되는 바다입니다.

수많은 산호섬과 암초를 중심으로 난사Spratly, 스프래틀리, 시사Paracel, 파라셀, 중사Macclesfield Bank, 메이클즈필드 천퇴, 동사Pratas, 프라타스 등 4개의 군도로 나뉘어 있습니다. 남중국해 해양 분쟁의 핵심이 되는 지역은 난사군도와 시사군도이며, 그중에서도 난사군도 영유권 분쟁이 가장 첨예하게 진행되고 있습니다.

난사군도는 200여 개의 작은 도서와 산호초로 구성되어 있습니다. 1970년대 이후 관련 국가들이 차례로 난사군도의 일부 도서와 암초를 점유하고 주권 강화를 시도하면서 현재까지 분쟁이 이어지고 있습니다. 난사군도 중 중국이 10개, 대만 1개, 베트남 24개, 말레이시아 6개, 필리핀 7개를 점유하고 있습니다.

남중국해 분쟁의 바탕에는 중국이 주장하는 '남해구단선南海九段線, Nine-Dash Line' 혹은 'U형선U-Shaped Line'이 있습니다. 중국은 남중국해는 멀리 진·한 시대부터 명·청 시대까지 중국의 바다였다고 주장하고 있습니다. 이에 따라 남중국해에 대한 '역사적 권리'를 주장하며 9개의 직선을 연결하여 그 선 안의 도서 및 인접 바다에 대한 주권을 주장하고 있습니다.

구단선 내 모든 남중국해 섬의 영유권은 중국이 가지며, 이에 따른 영해 및 관할권을 가진다는 것입니다. 구단선에 의하면 남중국해 약 80퍼센트가 중국 관할하에 들어갑니다.

베트남, 필리핀을 비롯한 동남아 국가들은 중국이 역사적 권원을 바탕으로 남중국해에 대한 관할권을 주장하는 것은 '이탈리아가

로마제국 통제하에 있던 유럽 전체에 대한 영유권을 주장하는 것과 같은 것'이라는 입장입니다.

중국은 구단선의 국제법적 근거로 '발견'과 '점유' 및 '역사적 권리'와 같은 영토 취득을 위한 국제관습법을 내세우고 있습니다. 이에 대해 동남아 당사국들은 국제법적으로 전혀 근거가 없다는 주장입니다.

필리핀은 2013년 1월 국제중재재판소에 구단선에 의한 중국의 남중국해 관할권 주장을 무효화하는 소를 제기했습니다. 2016년 중재재판소는 중국의 구단선 주장은 법적 근거가 없다고 판결했습니다. 그러나 중국은 이를 인정하지 않고 있습니다.

이러한 해양 분쟁 속에서 중립 내지는 불개입 정책을 고수하던 미국이 남중국해에 적극적으로 개입하면서 문제가 한층 복잡한 양상을 띠고 있습니다. 미국이 내세우는 명분은 남중국해에서 미국 선박의 자유로운 항해 및 자국 해양 이익 확보입니다. 미국은 무력 충돌 시 동맹국을 지원할 것이라 밝히고 있습니다.

미국이 적극적 개입으로 선회한 배경은 남중국해의 전략적 중요성과 아시아에서 영향력 확대, 중국의 부상에 대한 견제 등으로 분석됩니다. 미국은 아시아 중시 정책, 즉 '아시아 회귀 Pivot to Asia'의 핵심으로 동남아 국가들과의 안보협력을 강화하고 있습니다.

중국과 영유권 분쟁을 벌이고 있는 필리핀은 미국과의 상호방위조약, 베트남은 합동군사훈련 등을 통해 중국의 군사적 위협에 대응하고 있습니다. 중국은 동남아 국가들이 역외 국가인 미국을 끌어들여 남중국해 문제를 국제 문제화하여 국제적 관심을 끌려는 전략을 사용하고 있다고 비난합니다.

　이런 가운데 인공섬 건설과 같이 중국은 점유하고 있는 시사군도, 난사군도의 섬에서 활주로 등 군사시설을 설치하면서 영유권 강화 조치를 하고 있습니다. 2012년 난사, 중사, 시사군도를 묶어 싼사三沙시로 승격하여 행정구역으로 편입했습니다. 또한 남중국해에 대한 함정과 항공기 순찰을 늘리고 있습니다.

남중국해의 난사·시사·중사 군도

　당사국들은 분쟁의 평화적 해결을 내세우고 있지만 동남아 국가들과 미국은 안보협력을 강화하고 있고, 중국은 공세적인 전략을 내세우면서 무력 충돌의 위험성이 고조되고 있습니다. 남중국해 분쟁은 언제라도 폭발할 수 있는 화약고와 같습니다.

남중국해 인공섬

중국은 남중국해의 산호초를 메워 건설한 자국의 인공섬은 영해를 가지며 미국 군함의 영해 진입은 중국의 주권 침해라고 주장하고 있습니다. 영해는 영토와 마찬가지로 국가의 배타적 주권이 미치는 곳입니다.

그러나 외국 선박은 연안국의 평화, 공공질서와 안전을 해치지 않는 한 외국의 영해를 자유롭게 통항할 수 있는 '무해통항Innocent Passage'이 인정되고 있습니다. 상선은 물론이고 군함도 다른 나라의 영해를 통항할 수 있습니다.

무해통항은 영해의 개념이 성립되면서부터 관습적으로 인정되어 왔습니다. 무해통항은 국제해협에서의 '통과통항Transit Passage'과 함께 군함의 자유로운 기동을 가능하게 하는 제도입니다.

외국 군함의 영해 통항이 자국의 안보에 미치는 영향 때문에 각국은 국내법으로 외국 군함의 영해 진입에 대하여 별도의 규정을 두고 있습니다. 중국의 경우 외국 군함이 영해에 진입하기 위해서는 중국 정부의 허가를 받도록 하고 있습니다.

중국 인공섬의 영해를 인정하는 경우 미국 군함이 인공섬의 12해리 내를 통항하기 위해서는 중국 정부의 허가를 받아야 합니다. 중국은 기본적으로 U자 모양의 구단선 내 모든 수역에서 도서 영유권과 영해를 주장하고 있습니다. 이렇게 되면 남중국해 전체가 중국의 바다가 되고, 미국 군함의 기동력과 작전능력은 크게 제한

받게 됩니다. 미국으로서는 결코 인정할 수 없는 것입니다.

미국은 기본적으로 '인공섬 건설은 군사적 목적이며 인공섬의 영해는 국제법상 인정되지 않는다'는 주장입니다. "배타적 경제수역 안에서 건설한 인공섬은 영해를 가지지 못한다"라는 유엔해양법협약제60조의 규정을 근거로 들고 있습니다.

미국은 인공섬은 영해를 가지지 못하므로 인접 수역은 '공해'라고 주장합니다. 공해는 항행의 자유, 상공비행의 자유가 보장되는 수역입니다. 미국은 공해에서 통항의 자유를 주장하고 있습니다.

국제규범의 준수를 주장하며 중국의 조치를 무력화하려는 미국의 대응은 국제법적 문제뿐만 아니라 여러 가지 국제정치적 함의를 내포하고 있습니다.

먼저, 미국은 국제규범을 무시하고 힘을 앞세워 자국 주도의 질서에 도전하는 중국에 미국의 힘과 의지를 각인시킬 필요가 있을 것입니다. 중국의 부상을 경계하며 아시아 재균형 정책을 추진하는 미국 입장에서 자국의 해양 이익과 질서에 도전하는 중국의 행동은 용인될 수 없는 것입니다.

둘째, 남중국해 해상교통로의 전략적 중요성입니다. 남중국해는 동아시아와 유럽을 연결하는 해역으로서 세계 무역량의 30퍼센트가 지나가는 곳입니다. 한국과 일본이 수입하는 에너지 자원 대부분이 남중국해를 통해 수송되고 있습니다.

셋째, 남중국해는 해저 에너지 자원의 보고입니다. 500~2000억 배럴의 원유와 3조 8천억 세제곱미터의 천연가스, 그리고 중국이 120년간 쓸 수 있는 '불타는 얼음'이라 불리는 가스 하이드레이트가 매장되어 있는 것으로 추정되고 있습니다.

　인공섬을 둘러싸고 벌어지는 미·중 간 대결은 남중국해에서 해양 지배력을 확보하려는 중국과 패권체제를 위협하는 중국을 제어하려는 미국의 힘이 부딪치면서 일어나는 일이라 할 수 있습니다. 남중국해 해상교통로에 절대적으로 의존하고 있는 우리에게 미·중 간 대결은 결코 남의 일이 아닙니다.

에필로그

바다가 부른다

　트럼프 2기 행정부가 들어서면서 미국이 해양국가임을 천명하고 해양력 재건에 나서고 있습니다. 미국의 이런 움직임이 조선산업과 해양력에 대한 관심을 높이고 해양국가 대한민국의 위상과 과제를 되돌아보게 하는 기회가 되고 있습니다.

　미국이 세계 최강의 국가로 성장할 수 있었던 요인은 대서양과 태평양이라는 두 개의 해양 변경을 가진 해양국가였기 때문입니다. 신생국 미국은 해양국가가 누릴 수 있는 이점과 혜택을 잘 알고 성장의 발판으로 삼았습니다. 태평양과 대서양을 전략적으로 이용하기 위해 파나마운하도 건설했습니다. 대서양과 태평양은 유럽과 아시아로 뻗어나갈 수 있는 통로가 되었고, 전 세계와 무역과 교류를 촉진시키는 역할을 했습니다.

　최강국의 지위에 올라선 미국은 세계 최강의 해군력을 보유하고 이를 바탕으로 미국의 힘을 전 세계에 투사할 수 있었습니다. 항공모함을 앞세운 해군력은 패권국가 미국의 힘이자 상징이었습니다. 그러나 오랜 기간 폐쇄적인 조선 정책을 시행한 결과 조선산업과 연관 산업은 제대로 된 군함 한 척 제대로 건조하기 어려운 상황으로 전락했습니다.

미국은 해군력만 있고 해양력이 없는 상태의 위기를 맞고 있습니다. 해군력을 뒷받침하는 조선산업이 몰락한 상황에서 인도·태평양 지역에서 중국과 해양 패권경쟁을 벌이는 미국 해군력의 지위도 위협을 받고 있습니다.

전 세계적으로 해양산업이 총생산에서 차지하는 비중은 다른 산업에 비해 그다지 크지 않습니다. 그러나 조선·해운 등 해양산업은 전통적인 산업이었고, 오늘날도 해양산업은 기간산업이면서, 전후방 연관 산업으로서 다른 산업의 발전에 미치는 영향이 지대합니다.

오늘날 글로벌 경제에서 오가는 상품과 에너지 자원의 90퍼센트 이상이 선박으로 운송됩니다. 디지털 시대에 우리 일상의 필수가 되어 있는 인터넷 서비스, 소셜미디어, 금융, 전자상거래는 해저 케이블에 의해 전달되는 데이터에 의해 가능합니다. 그리고 바다가 주는 수산물은 소중한 식량자원입니다.

우리의 경우는 더욱 그렇습니다. 조선·해운·수산 등 전통적인 해양산업이 국가 기간산업으로서 오늘날의 대한민국이 있게 한 성장 기반이었습니다. 그간 자동차, 반도체, 에너지, 석유화학 등에 선두자리를 내주었지만 우리를 먹여 살리고 오늘날의 대한민국이 있게 한 수출 산업이었습니다.

첨단 디지털 기술과 제조업이 결합되어 탄생한 제4차 산업혁명의 물결은 해양산업이 다시 대한민국의 중요한 성장동력이 될 수 있는 기회를 제공하고 있습니다. 자율운항 선박, 첨단기술 선박, 해양 바이오 등은 해양산업의 새로운 가능성을 보여주고 있습니다.

새로운 주력 산업을 찾아내지 못하고 저성장의 늪에 빠져있는 대한민국 경제에서 첨단 디지털 기술이 접목된 해양산업은 새로운 성장 동력이 될 수 있습니다.

분열과 갈등의 시대를 살고 있는 우리는 바다가 주는 경제적 혜택뿐만 아니라 위안과 통합의 이미지를 생각해 봐야 합니다. '다 받아들인다'는 바다의 어원처럼 바다는 큰 물과 작은 물, 맑은 물과 탁한 물을 가리지 않고 다 받아들여 깊고 푸른 바다를 만듭니다.

선진국에 진입했지만 우리 사회는 온갖 갈등에 깊은 상처가 패고, 이념과 진영에 따라 분열되어 있습니다. 구동존이求同存異, 서로의 차이를 인정하고 상생이라는 공동의 목표를 추구하는 지혜를 광대한 바다가 주는 포용성에서 찾아야 할 때입니다.

끝으로 이 책으로 대한민국이 해양국가임을 인식하고 해양의 가치와 의미를 보다 잘 이해할 수 있게 되었다면, 저자로서는 더없이 큰 의미가 있다 하겠습니다.

해양강국을 위한 바다의 인문학
바다는 작은 물을 가리지 않는다

초판 1쇄 발행 2025년 11월 30일

지은이	김석균
발행처	예미
발행인	황부현
편 집	김정연
디자인	김민정

출판등록 2018년 5월 10일(제2018-000084호)

주소	경기도 고양시 일산서구 강성로 256 B102
전화	031)917-7279 **팩스** 031)911-5513
전자우편	yemmibooks@naver.com
홈페이지	www.yemmibooks.com

ⓒ김석균, 2025

ISBN 979-11-92907-87-1   03900

- 책값은 뒤표지에 있습니다.
- 이 책의 저작권은 저자에게 있습니다.
- 이 책의 내용의 전부 또는 일부를 사용하려면 반드시 저자와 출판사의 서면동의가 필요합니다.